资　助

本书受到国家自然科学基金项目（71862008）、教育部人文社科基金项目（18XJA630007）、广西哲学社会科学规划项目（17BGL004）的资助，是上述项目的阶段性研究成果，也是广西高端智库建设试点单位、培育单位研究成果。

BUILDING STRONG BRANDS

创建强势品牌

袁胜军 著

——品牌创新与管理（案例篇）

企业管理出版社
ENTERPRISE MANAGEMENT PUBLISHING HOUSE

图书在版编目（CIP）数据

创建强势品牌：品牌创新与管理．案例篇／袁胜军著．— 北京：企业管理出版社，2021.3

ISBN 978-7-5164-2280-9

Ⅰ．①创… Ⅱ．①袁… Ⅲ．①品牌－企业管理－案例 Ⅳ．① F273.2

中国版本图书馆 CIP 数据核字 (2020) 第 205905 号

书　　名：	创建强势品牌——品牌创新与管理（案例篇）
书　　号：	ISBN 978-7-5164-2280-9
作　　者：	袁胜军
策　　划：	杨慧芳
责任编辑：	杨慧芳
出版发行：	企业管理出版社有限公司
经　　销：	新华书店
地　　址：	北京市海淀区紫竹院南路 17 号　　邮　编：100048
网　　址：	www.emph.cn　　电子信箱：314819720@qq.com
电　　话：	编辑部（010）68420309　　发行部（010）68701816
印　　刷：	北京虎彩文化传播有限公司
版　　次：	2021 年 12 月第 1 版
印　　次：	2021 年 12 月第 1 次印刷
开　　本：	710mm×1000mm　　16 开本
印　　张：	12.25 印张
字　　数：	203 千字
定　　价：	68.00 元

版权所有　翻印必究　·　印装有误　负责调换

前　　言

2014年5月10日，习近平总书记在河南考察中铁工程装备集团时，提出了"推动中国制造向中国创造转变、中国速度向中国质量转变、中国产品向中国品牌转变"的要求。"三个转变"的提出，为新时代推动我国产业结构转型升级、打造中国品牌的发展指明了方向。

2017年4月24日，国务院印发《国务院关于同意设立"中国品牌日"的批复》，将每年的5月10日设立为"中国品牌日"，品牌日的设立进一步凸显了国家对品牌建设的重视。2020年12月16日，第十七届《世界品牌500强》排行榜揭晓，中国上榜品牌首度达到43个。由此可以看出，自从品牌建设上升为国家战略后，中国品牌建设取得了突飞猛进的发展。

在中国品牌建设取得一系列成绩的同时，可以看到中国的品牌建设也面临诸多问题：品牌意识不强、品牌定位不清、品牌创新不够、品牌数字化程度不高、品牌危机公关不力、与消费者沟通不充分等，上述问题的存在，不但影响着中国品牌建设的进程，更影响着强势品牌数量的增长。如何解决上述问题或者为解决上述问题提供思路，成为本书写作的初衷。

作者精心编写了《创建强势品牌——品牌创新与管理（理论与实务篇）》和《创建强势品牌——品牌创新与管理（案例篇）》两本专著。其中，本书写作的重心在于通过多案例的描述和分析，让读者对强势品牌构建的理论和知识体系有更加直观的认识，从而实现理论和实践的互补。本书首先分析了冷鲜肉的行业现状、冷鲜肉的特点以及行业发展趋势，然后通过7个案例的描述和分析，展示强势品牌的理论和知识是如何在企业中应用的，从而使得读者能够借助多个应用场景更加深刻理解强势品牌建设的理论和知识。

为了使受众更广，本书力图用更为简洁、易懂的语言进行写作，不管是学生群体、从事品牌管理教学的教师，正在或者准备实施品牌建设的创业者，还是仅仅想了解一些品牌建设知识的爱好者，都可以从本书中找到切入点。

感谢为本书付出辛苦工作的各位同志，是大家一起努力才使本书顺利完成。本书共包括两大部分：第一部分为冷鲜肉品牌格局，重点分析了行业现状、品牌格局及行业发展前景；第二部分为案例分析，共收集了 7 个案例，设计了 2 份调查问卷。桂林电子科技大学的袁胜军教授完成了第一部分内容的撰写和 7 个案例的选择及筹划编写工作，并单独完成了案例一和调查问卷的设计等工作；刘伟老师完成了案例二和案例三的工作，阳维老师完成了案例四的工作；姚玉玲老师完成了案例五的工作；河池学院的刘惠荟老师完成了案例六的工作；浙江工商大学的胡甲滨博士完成了案例七的工作。桂林电子科技大学的杨娜、范文琪两位硕士研究生也参与了本书部分资料的收集、整理和校对工作。

由于本书作者能力有限，书中难免存在疏漏和不足之处，还请读者不吝赐教，共同促进中国品牌建设的数量和质量提升，以期涌现更多中国的强势品牌！

袁胜军

2021 年 7 月 4 日于桂林电子科技大学勤政楼

目　　录

前言 ·· i

第一部分｜冷鲜肉品牌格局 ·· 1

第二部分｜案例分析 ·· 44

案例一　壹号土猪 ··· 45

案例二　双汇 ··· 55

案例三　长春皓月 ··· 69

案例四　雪龙黑牛 ··· 80

案例五　百康鲜牛肉品牌策划纪实 ·· 87

案例六　内蒙古科尔沁牛 ··· 129

案例七　得利斯 ··· 153

附录1　调查问卷（一）··· 180

附录2　调查问卷（二）··· 184

第一部分 | 冷鲜肉品牌格局

随着人们生活水平的不断提升以及对高品质生活的追求，肉类食品尤其是冷鲜肉、冷冻肉等逐渐成为人们购买的重要食材。冷鲜肉在欧美发达国家被消费已有数百年的历史，在肉类食品市场中已然占据九成以上的市场份额。近些年随着冷鲜肉保鲜技术以及冷链物流技术的提高，国内冷鲜肉市场不断发展起来。随着越来越多的消费者认识冷鲜肉以及人们对健康生活的追求，企业为迎合消费者不断发力冷鲜肉市场，有学者认为冷鲜肉需要更高的工业技术，中国冷鲜肉市场仍具备广阔的发展空间。本文将从冷鲜肉行业发展状况、国内冷鲜肉类品牌发展状况及其误区和国外冷鲜肉类企业品牌发展启示等诸方面对冷鲜肉类品牌格局进行分析。

一、冷鲜肉行业发展状况

（一）肉类行业发展状况

随着人们对健康、绿色消费的重视，其在衣食住行各个方面均占据越来越重要的位置。大部分消费者在衣、行方面都有着自己的特色。在饮食方面，很多消费者已经从吃饱、吃好向饮食健康的消费过渡，还有一些消费者的身体健康状况不是很好，但是自己会控制饮食习惯，也会尽量使自己的饮食搭配变得合理。良好的饮食习惯养成一段时间后，身体的很多不舒适状况会得到缓解，甚至恢复到正常状态。

20 世纪 80 年代以前，我国的肉食品消费量一直都不是很高，生产水平不高，消费能力有限。随着市场的改善，肉类产量增长速度加快，肉类食品产业迅速发展，人均消费量处于稳定提高的状态。20 世纪 90 年代中期至今，我国肉类产品的人均消费量逐渐提升到国际平均水平之上，畜牧业的生产从生产要素约束向需求约束转变。我国幅员辽阔、人口众多，各地区文化经济水平存在差异。通常来说，地区经济越发达，肉类食品人均消费量也会越多。从各民族的饮食习惯来说，西北五省（区）的肉类消费量比较高；从地域上来说，主要表现为南方的肉类人均消费量要比北方高，沿海地区的人均肉类消费量要比内陆地区高。有些地区，例如四川、内蒙古和湖北等省（区）饲养业、畜牧业发展较好，肉类产业在当地的农产品生产中属于优势产业，牲畜饲养行业一直是当地农业生产中的重要组成部分，肉类产品的人均消费量一般比较高，这也使得当地肉类消费量比全国平均水平要高。

我国的肉类产业水平在不断提高，存在的问题也受到各界的关注。首先，我国肉禽蛋行业的发展对世界贡献越来越高，有助于世界肉类产业结构的多样性以及肉类市场经济贸易的稳定性。近些年来，我国肉类产量稳居世界首位。随着禽畜产品转型肉类产品，我国肉类相关的工业经济已形成一定的经济梯度，强烈吸引着社会投资，有助于企业的规模化、市场化，且之前投资均已见成效。其次，由于肉类行业在我国国民经济中占据着极其重要的位置，其产值在国民生产总值中占据较大的比重，其生产和发展紧紧影响着"三农"经济的发展状况。肉类产品是人们食物中不可缺少的品种，消费者在实际生活中也切实体会到因肉类供需的不确定造成价格的较大波动。

肉类行业产品结构的不断调整象征着该行业逐渐进入一个全新的时代。2015～2016年由于牛羊禽肉的生产、消费上涨，导致猪肉消费出现小幅度下滑，随后趋于稳定。直至2018年，猪肉的年消费量达到5519.08万吨，环比小幅上升1.15%。但受非洲猪瘟的影响，2019年开始猪肉消费量大幅度下降，而牛羊禽肉的生产量、消费量增长迅速。仅在2019年期间，相比上一年，牛肉产量增长3.6%，达到2239万吨；羊肉产量增长2.6%，达到488万吨；禽肉产量增长最快，为12.3%，达到2239万吨。随着猪肉价格较大波动以及人民消费需求的变化，牛肉、羊肉、禽肉对猪肉的替代效应将更加明显。

肉类行业产品结构不断调整的另一个主要变化为养殖区域布局的优化，2016年之前，由于生猪养殖区域分布的调整，导致这个阶段猪肉产量逐年减少。2016年之后，为全面贯彻"绿色发展"理念，国家更加强调环保，无论政府业绩考核还是企业要求均以环保作为重要指标之一，由此全国许多企业在2016～2017年间开始响应国家政策推进禁区退养工作。随后，中央一号文件提出优化南方水网地区生猪养殖区域布局，从而稳定生猪生产并引导产能逐渐向着玉米主产区，以及环境容量更大的地区转移。上述政策也是造成2016年生猪减产的主要原因之一。国家统计局2017年1～6月的统计数据以及农业部数据显示出中央一号文件实施效果较好：全国生猪存栏同比增加0.4%，出栏同比增长0.7%；400个监测县环比减少1.5%，同比减少3.4%；母猪存栏环比减少5.8%，同比减少3.0%，可见生猪存栏在环境容量大的地区逐渐增加而传统产区逐渐减少。

肉类产品相关产业集中度不断提升。从2017年生猪屠宰业数据来看，前9个月生猪屠宰趋势由下降转向上升，同比增长6.9%。屠宰量达到15927.4万头，其中1月生猪屠宰量下降11.21%，2月下降23.97%，3月转向上升，增长13.14%；4月、5月保持增长，分别同比增长11.56%、23.79%；6月份之后增长速度开始放缓，但其增幅仍然超过9%，6月份增长达23.51%；7月份增长放缓至19.66%；8月份增长放缓至1.004%；9月份增速为9.37%。相比2014～2016年间生猪屠宰量逐年下降，2017年之后局面开始转变。

政府加强对肉类行业的管理，是肉类相关产业集中度增加的主要原因之一。从肉类屠宰产业来看，农业部早在2013年就开始加强构建屠宰产业管理体系，2017年发布《关于做好2017年屠宰行业管理工作的通知》的文件。文件从4个方面对屠宰业管理进行了部署，包括加强屠宰行业管理体系建设，增强屠宰行业风险防控能力，提升屠宰行业法治化管理能力，引导屠宰行业转型升级。近年来政策实施和落实状况良好，从政府层面来看，随着《生猪屠宰管理条例》等文件的进一步完善，政府各部门管理责任及协同合作能力得到加强。由于与屠宰相关的法律法规的完善及普及，屠宰产业监管执法能力也得到了提升。从产业层面来看，屠宰产业履行责任的能力得到增强，伴随着专项整治的开展，日常监管的加强，诚信体系的建立，监督检测的强化，屠宰产业风险防控能力日益提高。除此之外，通过屠宰资质管理的改进，以及屠宰企业采用重组兼并手段推进小型屠宰场点的整合等措施，国家进一步推广屠宰企业的标准化，也使乡镇小型屠宰场点缩减，最终导致规模以上的企业屠宰量明显回升。

国家的开放发展促使进出口平衡与供求机制等市场发展必要条件的形成。供给侧结构性改革的一个重要标志是猪肉进口量在2017年有了大幅度的下降，此后猪肉进口量开始逐年减少，这是由于我国规模企业生猪屠宰量明显增加。一方面，我国生猪产业的市场竞争力有所提升；另一方面，进出口平衡与供求新机制正在形成。羊肉与猪肉市场具有相同的机理。根据国家加强对外开放以及国际国内循环的理念，企业要利用好国际与国内两个市场、两种资源，从而保持肉类市场的稳定、实现我国肉类产业的全面战略转型。

（二）冷鲜肉简介

如今，人们的物质生活水平得到了很大的提高，逐渐有了更高的消费层次需求，即追求更加享受舒适的消费行为，追求产品及服务带给自己的成就感、地位认同感和归属感。人们消费需求得到满足，在不同时期有不同的意义：在物资匮乏的年代，人们只能满足一些简单的需求，例如单纯的生存需要；随着社会的发展，不同群体和不同阶层的需求也越来越多样化，人们对衣、食、住、行、用、教育、文娱、医疗等诸多领域的需求都变得更加丰富。食品类支出在总支出中占比逐年下降，我国居民的消费结构和内容都发生了较大的变化，变得更加多样化。在所有支出中，人们用来满足最基本生存需要的支出比例在下降，而用来满足精神需求和改善生活条件的支出所占的比例越来越高。人们生活水平的大幅度提升，可以从城乡居民消费结构的变化中看出来。人们的社会需求因为其经济、文化、历史、地理等多方面的差异形成诸多层次。伴随着人们生活水平的极大提升，人们追求更健康、更高水平的生活，更加倾向于选择卫生健康与新鲜的肉类产品；同时从生产与消费角度来看，肉类加工储藏都需要达到新的要求与水准。肉类产品的冷冻储藏虽然尽可能地延长了肉类产品的保存时间，但存在着明显的缺点。首先，冷冻储藏过程中需要不断耗能，这无疑增加了肉类产品在整个流通过程中的成本；其次，肉制品在冷冻过程中随时间增加会出现明显的质量变化，例如：脂肪氧化以及蛋白质变性，有些变化会对人们的身体健康产生危害。人们生活水平提升，更加希望消费高品质产品，对冷冻肉的需求也呈现逐年下降的趋势。为了适应消费者不断改变的需求，储备肉制品应该做出结构调整，不能完全采用冷冻存储的方式，而应推行"活储鲜销"，所以在肉类工业发展中冷藏包装鲜肉将会逐渐成为新的一种发展趋势。

冷鲜肉也称为冰鲜肉，指的是在严格遵守兽医检疫制度的基础上对屠宰后的畜胴体进行冷却处理，使畜胴体温度在24小时内迅速下降到0～4℃，并且在之后的加工、流通、销售中一直保持这种低温。根据前文所叙述，无论冷冻肉还是热鲜肉都具有很多缺点，冷鲜肉的出现恰好弥补了这些缺点。其优点包括：首先，在整个生产销售过程中的低温控制能抑制绝大多数微生物的生长、繁殖，有效控制诸如金黄色葡萄球菌、肉毒梭菌等对健康有害的病原菌分泌毒素的速度；其次，冷鲜肉充分成熟加工过程保证了冷鲜肉在食用时的口感，并且肉中的汁液不会流失也促使肉制产品保持弹性和鲜美。冷鲜肉的具体优点如表1所示。

表1 冷鲜肉的优点

安全系数很高	为了防止可能的污染产生，冷鲜肉在所有流程中都处于严格监控下。屠宰后的产品一直保持在低温0~4℃之间，这种方式不仅使初始菌数有了极大降低，而且鲜肉的品质也会由于一直处于低温而显著提高。而热鲜肉的宰杀通常在凌晨，在不经过任何降温处理的情况下于清晨上市。虽然屠宰加工后的热鲜肉的卫生检验是合格的，但在从加工到零售的过程中难免会受到各个方面的污染，而且在各个流程中细菌会因高温而大量繁殖，肉的安全卫生无法得到保证
营养价值很高	将宰杀后的禽畜肉经预冷处理后在-18℃以下速冻，使深层温度达到-6℃以下，这是冷冻肉，虽然食用比较安全，细菌较少，但在加工前的解冻过程会流失大量的营养物质。在适宜温度下冷鲜肉的屠体有序完成了尸僵、解僵、软化和成熟，肌肉蛋白质正常降解，肌肉经过排酸处理而软化，鲜嫩程度明显提高，这一过程遵循肉类生物化学基本规律，对于人体的消化吸收非常有利。同时冷鲜肉在使用之前不需要进行解冻处理，因为冷鲜肉是没有经过冻结的，这也使冷冻肉的营养缺陷得以弥补。除此之外，冷鲜肉经过低温处理后其中脂质的氧化速度会得到有效降低，小分子异味物的生成会减少，并且对人体的不利影响也会得到控制
感官舒适性高	冷鲜肉在规定的保质期内与热鲜肉是没有差别的，肌红蛋白不会发生褐变，色泽也会很鲜艳，而且肉质会更为柔软。低温下形成的冷鲜肉口味得到明显提高

冷鲜肉主要包含以下三个鲜明特点：首先，冷鲜肉在屠宰加工、生产、储藏、销售整个过程中始终保持在 0～4℃低温之间，抑制了对人体有害细菌的生长繁殖，也在一定程度上降低破裂细胞所流出的消化酶的活性，肉制品营养成分不至于流失，也保证肉制品口感上的鲜美；其次，在"后熟"过程中的冷鲜肉口感上会变得细嫩柔软，肉制品中的钙质等营养成分也更容易被人体吸收；最后，冷鲜肉的保质期能够达到一周以上，相比热鲜肉的 1～2 天，显然更长。同时，由于冷鲜肉生产过程保持低温环境，表面会形成减少水分蒸发、预防微生物侵入的干油膜。但也是由于冷鲜肉在屠宰加工、生产、储藏、销售整个过程中始终保持在 0～4℃低温之间，需要消耗更多的能源以及多道严格工序，无论是时间成本还是生产成本均较高，这就导致其销售时的价格相比冷冻肉、热鲜肉要高一些。在人们实际食用时，单从外表上难以区分冷鲜肉合格与否，只有将其做成菜品品尝过后才能感觉出差别。早在 20 世纪 20～30 年代，发达国家就开始推广冷鲜肉，现阶段已然占据生鲜肉消费市场 90%以上的份额。随着我国冷链以及保鲜技术的进步，冷鲜肉市场日渐活跃，消费者也开始了解冷鲜肉，不断加深绿色健康的消费观念，促使冷鲜肉在我国肉制品消费市场上占据更重要的位置。不同肉类对比如表 2 所示。

表 2　肉类对比

项目	热鲜肉	冷鲜肉	冷冻肉
安全性	从加工到零售过程中，受到空气、运输车和包装等方面污染，细菌大量繁殖	0～4℃内无菌加工、运输、销售，24～48小时冷却排酸，目前世界上最安全的食用肉	宰杀后的禽畜肉经预冷后，在-18℃速冻，使深层温度达-6℃以下，有害物质被抑制
营养性	没有经过排酸处理，不利于人体吸收，营养成分含量少	保留肉质绝大部分营养成分，能被人体充分吸收	冰晶破坏猪肉组织，导致营养成分大量流失
口味	肉质较硬、肉汤混、香味较淡	鲜嫩多汁、易咀嚼、汤清、肉鲜	肉质干硬、香味淡、不够鲜美
保质期	常温下半天甚至更短	0～4℃保存3～7天	-18℃以下，12个月以上
市场占有率	60%	25%	15%

（三）猪肉

猪肉产品相关产业链具体可分成三大部分：一是生猪养殖，生猪养殖企业主要通过购买种猪、饲料、疫苗等产品，经过母猪产仔、小猪育肥，并将育肥后的生猪运送至生猪屠宰企业；二是生猪屠宰，将所运送来的生猪屠宰获得冷冻肉、热鲜肉、冷鲜肉等生鲜冻肉产品，其中一部分产品经农贸市场等零售渠道分销到终端消费者，另一部分主要供给下游的肉制品加工企业；三是肉制品加工企业，是在购入生鲜冻肉产品后进行深入加工转化为低温或高温肉制品，然后通过零售输送至消费者手中。猪肉产品相关产业链的一大特征就是经营风险随着产业链条延伸而变小。因此，资本实力优越的下游企业都会将产业链延伸至上游生猪养殖业务，而生猪养殖大型企业也会将产业链扩张到中游屠宰行业及下游肉制品产业。由于经济发展、城镇化程度加深、消费者可支配收入增加带动中国猪肉行业增长，据中国猪肉行业的《2019～2025年中国猪肉行业市场调研与投资机会研究报告》，数据显示我国猪肉产量在2009～2018年期间由48910万吨增至54030万吨，虽然现有猪肉产量逐年增加，然而猪肉供给仍存在缺口。中商研究院数据显示，2005～2014年间，中国猪肉消费量呈现增长态势；2015年出现小幅下滑，随后趋于稳定；2018年猪肉消费量相比之前小幅度增长1.15%，达到5519.08万吨；2018年之后，国内生猪供应量缓慢增长，其原因在于受非洲猪瘟的影响，国内生猪调运受限、主销区生猪供应不足、主产区供应充足却消费不足。当然，从人均猪肉消费数据来看，仍旧保持着持续增长趋势。近年来中国猪肉产量统计情况如图1所示。

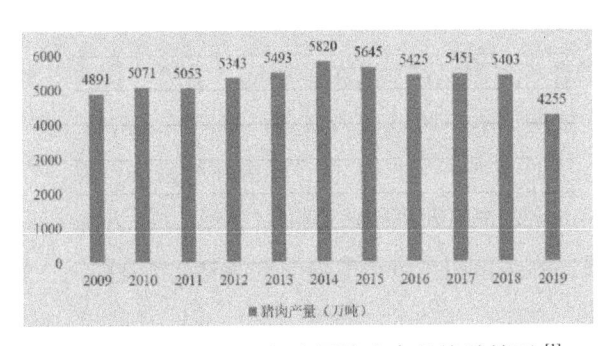

图 1　2009～2019 年中国猪肉产量统计情况[1]

依据生猪屠宰后采用的冷却工艺不同，猪肉产品可分为冷冻肉、热鲜肉、冷鲜肉三大类。热鲜肉受中国传统消费习惯的影响，占据大部分猪肉产品消费市场。然而，近年来随着消费者对绿色及高品质肉制产品的需求增长，冷鲜肉所占市场比例开始快速提升。依据数据显示，2005～2015 年间，冷鲜肉消费占猪肉产品消费总量的比例由 2% 上升至 20%，达 1100 万吨；而热鲜肉消费量在这期间由 89% 下降至 60%。之后冷鲜肉上升速度更快，一直持续增长至 2020 年才稳定下来。与此同时，热鲜肉消费量仍呈现不断下降趋势。近年来，中国猪肉消费结构呈现由冷冻肉到热鲜肉，再到冷鲜肉的变化趋势，形成了"热鲜肉广天下，冷冻肉争天下，冷鲜肉甲天下"的局面，可以预见，冷鲜肉未来将在猪肉产品消费中占据主要位置。2015～2020 年猪肉分类别消费量统计情况如图 2 所示。

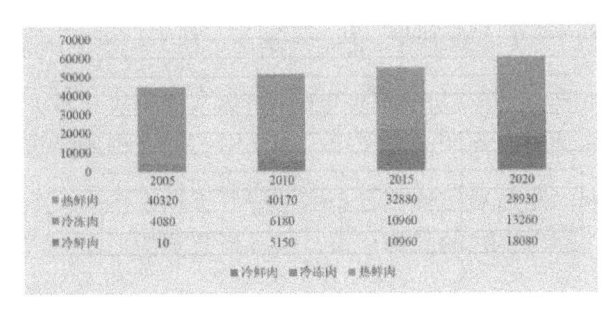

图 2　2015～2020 年猪肉分类别消费量统计情况[2]

---

[1] 资料来源：根据国家统计局、中商产业研究院等公开资料整理.
[2] 资料来源：根据国家统计局、中商产业研究院等公开资料整理.

向终端消费者进行肉制品销售的有酒店、农贸市场、零售店、现代零售商等渠道。依据数据显示，2015年及之前，猪肉产品销售主要依靠农贸市场，占据猪肉市场总量的60%～65%。现代零售商的猪肉产品销售展现出强劲增长的趋势，2005～2015年间由300万吨增加至1100万吨，而农贸市场的分销作用正在下降。中国猪肉分销渠道消费量情况及预测如图3所示。

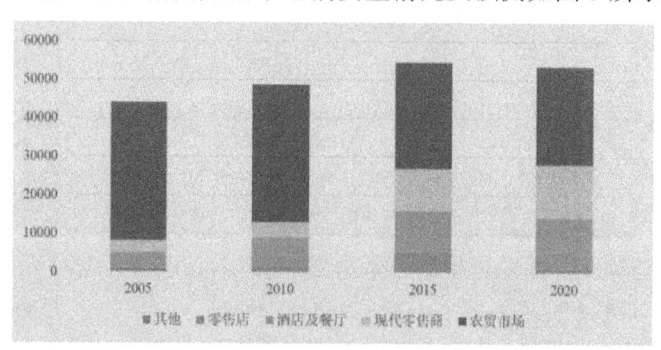

图3 2005～2020年中国猪肉分销售渠道消费量情况及预测[1]

由于人们生活水平提升、可支配收入增加、中产阶级占比扩大、城镇化程度增大，以及人们更期望获得高品质肉制品的需求，导致人们对精品猪肉产品消费增加。随着消费增加以及人们消费行为转变，中国猪肉制品相关产业结构面临改善整合趋势。

当前，人们对安全健康肉制品的追求促使消费者认为冷鲜肉相比其他产品更加安全优质，未来冷鲜肉有可能成为猪肉市场上的主流产品。除此之外，相比传统农贸市场，大型超市、现代零售商在安全卫生、环境舒适等方面显然更容易被人们接受，预期大型超市、现代零售商在肉制品分销市场上的影响力将逐渐增加，尤其是在较为发达的城市和地区。由于有利于消费者安全健康的产品往往拥有良好的品牌形象，品牌形象塑造对于猪肉产业来说变得更加重要。

一般来说竞争者准入壁垒有食品安全控制、品牌、生产规模、对消费者

---

[1] 资料来源：根据国家统计局、中商产业研究院等公开资料整理．

需求的了解程度。目前，肉制品行业生鲜肉的市场前景、城镇化程度的加深、人均收入增长，无一不导致着人们消费习惯的改变，促使肉制品行业竞争加剧，拥有更优肉制品技术的企业无疑占据较大优势。根据前文所述，虽然当前猪肉消费市场仍然是热鲜肉占据大部分份额，但是随着消费习惯的改变，消费者更加追求安全高品质的肉制品，如数据显示2005～2020年冷鲜肉消费量一直在上升。鉴于此，现有猪肉产业应更加集中于冷鲜肉的销售，增强冷鲜肉的分销产业链，改进冷鲜肉冷链技术。

（四）牛肉

对于整个畜牧业来说，近年来肉牛养殖技术有了一定的改进和突破。无论是散户饲养还是规模饲养，肉牛养殖技术包括殖勤消毒、引种、牛场场址的选择、牛场绿化、场区规划、养殖系统、卫生制度以及肉牛的定期运动。肉牛产量的增长离不开养殖技术的发展，而养殖户对前期消毒工作的重视保证了成功的饲养肉牛。国内外肉牛品种的选择大多采取纯种选育的方式，这种方式即使现在仍是提高生产效益的唯一选择。好的牛场选择是饲养肉牛必不可少的前提，养殖户为了让肉牛的生活环境更加舒适并且使牛健康生长，会将牛场选址与住宅修建、农牧业农田建设、农牧业发展规划等相结合，因地制宜合理配置牛场内的建筑物。肉牛的养殖技术不再仅仅是简单的放养，而是更加注重牛场的绿化情况、环境的布局和场区的规划，针对畜牧养殖系统进行信息化设计，进一步实现了信息化。从饲养到销售阶段，该系统都对家畜进行了全程监控与跟踪，在疫情突袭时可进行追溯。在行业市场中建设良好的品牌形象有助于显著提升其产品竞争力，可通过管理手段提升养殖基地农户的管理水平，实现企业与农户的双赢局面以及保障市场可持续发展。

食品安全问题随着人们生活水平的提高而备受消费者的关注。首先，养殖技术的改进体现在卫生制度的加强，在养殖过程中应定期对牛进行消毒、清洁以及免疫接种，时常关注其食欲以及精神状态，能够有效防病，及时治病；

其次，制定更完善科学的免疫程序，及时对育肥前的断奶牛犊、架子牛进行驱虫保健，有效杀死牛体的寄生虫；最后就是及时做好记录工作，定期对牛进行各项测量，做到牛卡一致，这些都在一定程度上保证了饲养肉牛的卫生安全。

肉牛养殖技术的竞争是肉牛养殖行业的生产终级竞赛，而养殖技术中必不可少的一个环节就是让牛对外界环境的适应能力变得更强。由此，让牛保持适当运动，可以促进牛的新陈代谢，从而提升牛的免疫能力，预防体质衰弱。在国内和国际市场，我国肉牛的数量和质量一直较低，利润空间也比较小，而且对市场风险的抵御能力较差，所以想建立优质的肉牛产业就要建立优质的肉牛养殖基地，开展专项科研对牛肉的产量与质量进行攻关。以下六点对肉牛养殖的利润产生主要影响。

1. 牛苗的选择

牛苗品种的选择至关重要，它直接影响着肉制品的品质，决定其能否获得更高的利润。当然饲养模式的不同也会导致企业在选择最佳牛苗时的决策差异，按养牛模式可以分成以下选择。

（1）山区放牧

山区放牧的养牛模式在牛苗选择时，应侧重选择适应性更强、适合爬坡的小型或杂交程度低的牛种。一方面，这样的牛种成本低，成长速度慢，对营养的需求不高，可以节省饲料成本，依靠放牧就能满足生长需求；另一方面，体型小有助于其在山地行走，肉质也较好。

牛苗的大小程度可选择200斤左右已断奶的牛犊，以节省育肥空间。

（2）圈养

养牛模式如果是圈养，则需要更高的成本。因为需要解决饲料问题，所以在选择时应侧重选择成长速度快的牛种，可快速出栏，节省饲料成本，拥有更高的利润。一般国外在这种情况下选择夏洛莱牛和西门塔尔牛。牛苗的大小程度选择 300 斤～ 800 斤的断奶牛犊，以保证短期育肥时的效益。

2. 购买牛苗的价格

现阶段，全国牛苗价格基本相近，低价一般很难买到较好的牛苗。企业或农户在购买牛苗时，最好在充分了解当前牛苗市场行情后，再进行购买。这样可以对市场上的价格进行比较，购买性价比较高的牛苗，一定程度上也能防止被骗。

3. 饲料成本

全国牛苗的精饲料价格几乎相同，粗饲料则具有较大差异。外地市场上粗饲料整体价格相对较低，但如果从其他地方买入，可能会因为体积大以及远距离运输而增加成本，甚至有可能高于粗饲料本身的成本。因此在选择粗饲料时尽可能考虑本地市场上的饲料，也可以储备农户手中的农产品加工的下脚料以及农作物的秸秆等。假如养殖规模小于 20 头，应尽量自己收集饲料，否则不能保证利润。

4. 日常饲养管理

肉牛的生长速度快慢一方面与品种相关，另一方面与日常饲养管理也分不开。饲养管理不仅影响其成长速度，还影响肉牛的健康。企业应按照科学的管理方式进行肉牛的饲养管理。

5. 牛的发病率、死亡率

在肉牛的管理中，大多数养殖户对饲料以及防疫重视程度不够，有时会导致肉牛在成长过程中得病。当肉牛发生疫病时，会产生医药费用，也会影响肉牛的成长速度以及健康状态，肉牛的死亡更给企业造成极大损失，为防止这种情况发生，在实际的养牛过程中应加强饲养管理及防疫，降低疾病发病率，做到零死亡。

6. 牛肉出栏价格

假设一头育肥牛1000斤，销售时每斤价格下降0.4元，一头牛至少损失400元利润，而实际情况中，冬季与夏季的最大价格差距可达1元，这样利润损失极大。因此公司在实际选择牛苗时，也应该根据其出栏时间来选择合适的牛苗大小，尽可能地让牛在冬季出栏。以圈养牛为例，假设在春季购买牛苗，保证冬季出栏，则尽量选择300～500斤左右的牛苗；假设夏季购买牛苗，为保证冬季出栏，则最好选择500～700斤左右的牛苗；假设秋冬季购买牛苗，为保证下年冬季出栏，则最好选择300～400斤左右的牛苗。

当前我国经济快速发展，人们的饮食习惯发生极大改变，不再单纯依赖豆制品提供蛋白质、钙类等营养，而是采用更加多元的摄取方式，人们对牛肉的需求增长迅速。从收集到的数据来看，仅2019年中国牛肉进口就达617.83万吨，同比增长46.5%。中国目前已成为全球牛肉消费增长最快的国家，并且仍然具有较大的提升空间。之前我国由于机械化水平较低，牛本身多用于畜力协助发展农业，随着技术水平的提升、人们生活水平的提高，牛肉逐渐成为人们日常食品的一部分。

与巨大的市场缺口形成鲜明对比的是目前中国畜牧业的发展。在饲养方面，国内大部分肉牛以散养为主，规模化养殖场较少，处于家庭生产的副业地位。每户几十头牛的养殖方式，增加了养殖成本。发达国家的现代畜牧业技术规模化、科学化、集约化，我国的散养模式与之还差得很远。美国肉牛从初生牛犊到育肥牛的养殖周期大约需要16个月，而中国则需要24个月的养殖周期，比美国长了整整8个月。在品种方面，我国畜牧业良种繁育意识薄弱，生产技术方面还存在较大不足。虽然从批量引进改良肉牛到现在已经有几十年的时间了，但牛群整体改良过程还是比较缓慢的。仅在吉林、辽宁、山东等部分地区的牛生产性能勉强满足良种繁育的要求，甚至南方地区仍以土种为主，其生产性能与良种繁育的要求相差甚远。在饲料方面，我国饲料价格尤其是原粮价格较高，玉米和小麦的成本大约是美国的两倍。很多养殖户为了降低成本，用稻草和杂草作为牛饲料，导致牛的营养跟不上，不仅增加了养殖周期，还因为味道不好卖不上好价钱。

（1）牛肉行业消费量

我国牛肉在肉类消费中占比较小，2015年仅占8.2%，远低于巴西、澳大利亚、美国等牛肉消费大国（牛肉消费占比整体接近40%），即使与同位于亚洲，饮食习惯相似的日本（牛肉消费占比19%）相比，也存在不小差距。然而2015年之后，中国牛肉消费开始稳定增长，消费总量目前稳居世界第三。从2005～2018年，牛肉消费增长幅度超过40.9%，由561.4万吨增长到791万吨，2019年消费量达到923万吨。自2016年起，增速已由最初1.8%增至8.2%，从现有消费状况来看，这一趋势将随着国内消费升级趋势持续增长下去，如图4所示。

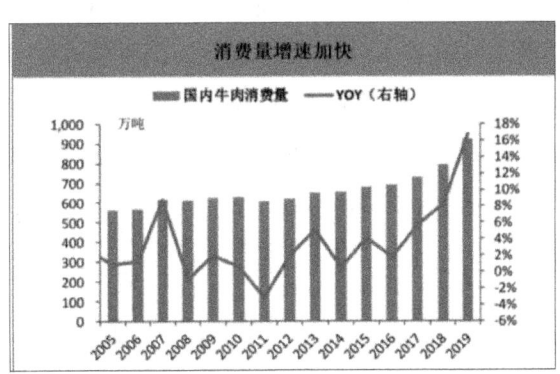

图4 2005～2019年国内牛肉消费量[1]

当前我国牛肉产量增速相比消费增速仍然较低，牛肉供需缺口逐年扩大。自2005年起，中国牛肉产量的增长速度便保持在1.3%～8.6%。2007年虽然增速超过8%，但仍然低于当年牛肉消费的增长速度8.8%。2012年至今，牛肉国内产能就开始低于牛肉需求，供给缺口（国内牛肉消费量－国内牛肉产量）由负转正且这个数值随着年份增加逐渐加大。2018年该缺口达到147万吨，2019年达到238.3万吨，如图5所示。

[1]资料来源：根据国家统计局、产业信息网等公开资料整理.

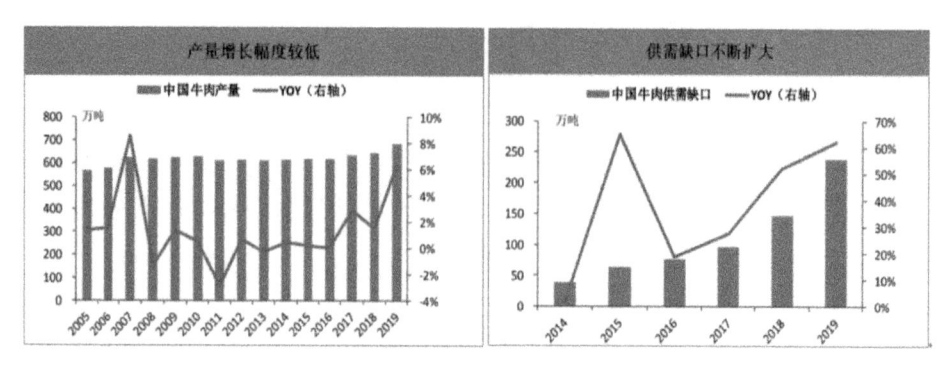

图 5　中国牛肉产量及供需缺口 [1]

(2) 牛肉进口量

供需缺口快速扩大，进口依赖度快速提升，和国际价格联动增强。在国内供给增长缓慢，而需求不断增加的背景下，牛肉对进口的依赖程度也在逐渐变大，自2012年起进口占总供给的比例由0.8%扩大至2018年的22.5%，2020年这个数值增长至43.5%，而进口占比的增长也促使我国牛肉价格与国际价格形成联动，跟随变化。尤其是在2019年，我国牛肉价格与国际牛肉价格相关系数达到0.75，之后虽然有所降低，但仍保持较高关联度，如图6所示。

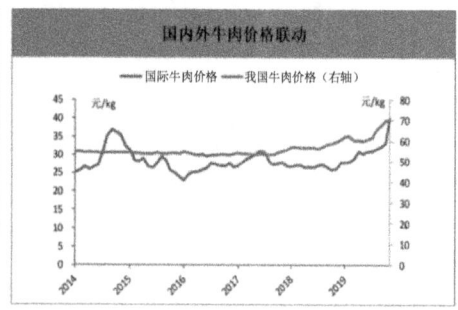

图 6　国内产量及进口 [2]

---

[1] 资料来源：根据国家统计局、产业信息网、智研咨询等公开资料整理．
[2] 资料来源：根据国家统计局、产业信息网等公开资料整理．

出口逐渐平稳，进口逐年增长，且总消费占比不断提升。由于我国居民消费水平的提高和肉类偏好的改变，我国牛肉需求迅速增长，但受制于产能供给能力，中国不得不采取进口手段满足国内需求。2012年之后，我国供需缺口不断扩大，牛肉净出口由正变负，如图7、图8所示。

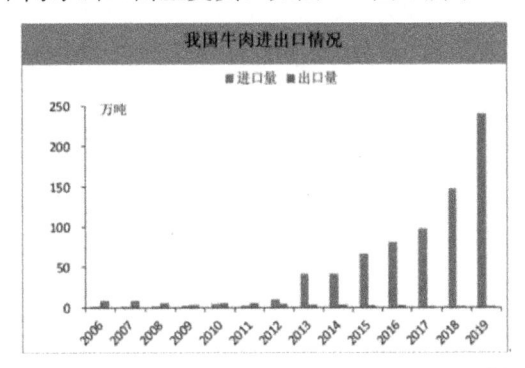

图7　2006～2019年我国牛肉进出口状况[1]

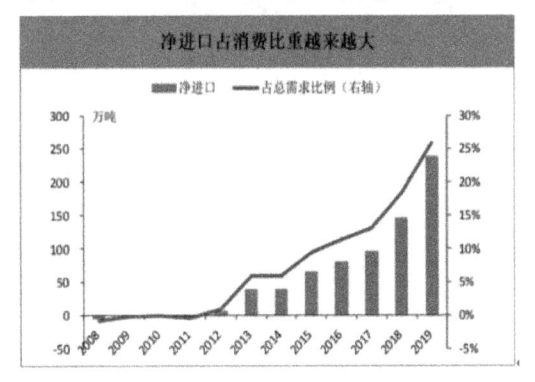

图8　2008～2019年我国牛肉净出口占消费量状况[2]

（3）牛肉行业价格走势

2015年国产牛肉市场均价达到63.22元/千克，折合成美元约9.5美元/千克，此时澳大利亚、乌拉圭和新西兰三大进口来源国均价不含进口税费约合5美元/千克。当前受限于草场资源不足以及饲养成本较高，进口牛肉相

---

[1] 资料来源：根据国家统计局、产业信息网等公开资料整理．
[2] 资料来源：根据国家统计局、产业信息网等公开资料整理．

比国内牛肉仍然具备较高性价比。随着澳大利亚等进口国的税费降低，以及最惠国优惠等优势，未来价格在高位震荡偏强预计将成为常态。在需求方面，由于非瘟的出现，我国牛肉需求整体呈现增长加速的态势，如图9、图10所示。

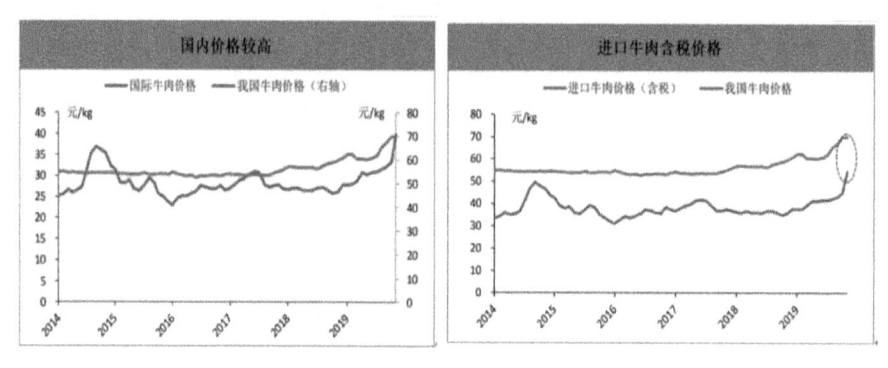

图9　2014～2019年我国牛肉国内外价格走势状况 [1]

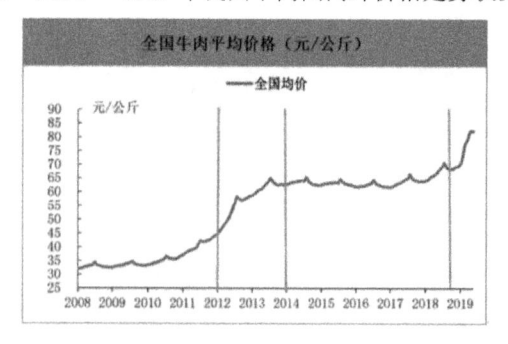

图10　2008～2019年全国牛肉平均价格 [2]

二、国内冷鲜肉类品牌发展状况

当前，伴随着我国冷链技术、保鲜技术的提升，国内企业逐渐扩大冷鲜肉产量，较受关注的冷鲜肉品牌有双汇、雨润等冷鲜猪肉品牌，科尔沁等冷鲜牛肉品牌以及阿牧特等冷鲜羊肉品牌，未来冷鲜肉在肉制品市场上所占比重将会越来越大。而随着大量企业进入冷鲜肉市场，双汇、雨润、金锣、千

---

[1] 资料来源：根据国家统计局、产业信息网等公开资料整理.
[2] 资料来源：根据国家统计局、产业信息网等公开资料整理.

喜鹤等品牌的冷鲜肉受到关注，冷鲜肉市场竞争较为激烈。我国冷鲜肉综合普及率仅为 20%～30%，且像双汇、千喜鹤等较为受关注的品牌占据市场总份额不到 1/3，也没有一家独大的情况，证明整个冷鲜肉市场，仍具备极大的竞争与发展空间。

一直以来，中国人的餐桌并没有形成品牌化消费习惯。例如冷鲜肉一直以来都是以集贸市场、超市、肉铺内散卖为主，极少数进行品牌化包装。而随着人们对健康生活和食品质量安全的追求，及对品牌的认可，日常饮食也逐渐走向品牌化经营，冷鲜肉品牌命名呈现了如下趋势。

1. 天然健康引导性

基于很多消费者对于食品安全的重视，越来越多的冷鲜肉品牌在命名时，要突出其天然、健康的商品属性。如农畎（畎，fú，意：耕田）打造出一个朴实自然形象，引导一种自然健康的品牌联想。再者如"松林"则营造一种在天然环境中放养的含义，打造新一代健康生活方式。

2. 地域认知引导性

在中国，牛羊肉消费在产品产地上有一定的倾向性，如内蒙古的牛羊肉、宁夏的羊肉等。企业对牛羊肉品牌命名充分利用消费者对地域养殖的认知，打造具有地域特征的品牌。如"科尔沁"，充分利用这一耳熟能详的地名注册品牌，告知消费者这是来自内蒙古的牛羊肉，还有"蒙特香"容易让人联想到原产地，给人一种味道纯正、口感好的品牌联想。

3. 细分市场引导性

随着冷鲜肉市场的细分，品牌命名也在一定程度上注重体现细分市场。如果企业经营范围为清真肉类，那么在品牌名称中含有顺、清、斋、德等便具有明显清真倾向，更容易形成牛羊肉等清真肉食品类引导，如："月盛斋""小巴依"等。

4. 具象引导性

很多冷鲜肉品牌在命名的时候，会打造具有较为的形象来引导消费者认知。如"姐妹厨房""膳博士"，给人一种自然的亲切感和专业性。还有"沐诺农场""喜乐田园"，以具象的事物营造具有想象空间的意境，彰显品牌的天然、可靠性。

5. 个性化引导性命名

而不走寻常路的品牌命名则利用中国文化的博大精深进行个性化的品牌引导。如山黑猪品牌"精气神"，来源于道教术语。除了著名的书法作品"精气神"，精气神还具备自我调节，达到更加健康境界的引导性。

6. 外文音译引导性

地球村的概念在很大程度上让更多的中国人对于英文不再陌生。而这也给一些品牌命名带来了另类的思路，如将英文delicious（可口、美味的）进行音译就是我国肉制品较为著名品牌"得利斯"，而其广告更是将这一理念渗透，另辟蹊径。

7. 从肉食品加工转换到冷鲜肉

肉食加工品是市场上目前很多的冷鲜肉商家最开始的主打产业，随着主线产品获得接受度，再逐渐将冷鲜肉产品线推到消费者眼前。最典型如双汇、雨润、金锣等。而这一类品牌在命名上，呈现出多样化特性。如"双汇"，命名来源于其发源地漯河两条母亲河在市中心处交汇；如"雨润"，杜甫的"随风潜入夜，润物细无声"就是名字的由来。

中国冷鲜肉开始进行推广最早可以追溯到20世纪90年代，双汇是第一个将热鲜肉、冷冻肉发展成冷鲜肉的企业，在这之后包括双汇、爱森等企业引入冷链技术，实现生产—配送—销售—连锁经营一体化的冷链模式。目前，上海的冷鲜肉市场，双汇、金锣、爱森等最早发展冷鲜肉的企业，市场占有率高达60%，但从全国市场上看，冷鲜肉的普及率仅占20%～30%。目前更多企业希望，国家能够不断完善相关政策，支持、鼓励冷鲜肉的发展，与此同时能够从国家层面、产业层面对冷鲜肉进行积极宣传普及，促使消费者了解并购买相对更加健康安全的冷鲜肉产品。伴随着国家对食品安全的管理以及要求愈发严格，无论企业还是消费者都更加关注肉类食品中冷鲜肉的安全保障。

2020年度中国冷鲜肉十大品牌分别为双汇、雨润、金锣、爱森、得利斯、科尔沁、众品、鹏程、唐人神、千喜鹤。以下列举几种做详细介绍。

（1）双汇冷鲜肉

双汇集团于1958年成立，在我国肉制品市场中具有较大影响力，被国家质检总局授予"国家质量管理卓越企业"的荣誉，也是农业部认定的国家农业产业化重点龙头企业，其以肉类加工为主营业务，并通过ISO9001国际质量认证（HACCP以及CQC）。它是我国较早引进并推广冷鲜肉的企业，在冷鲜肉市场占据较大份额。现阶段，双汇作为我国最大的肉类加工企业，坚持品牌化经营、规模化发展、产业化联动的创新之路，已然成长为一家具备200亿资产、超过7万名员工、肉类的年产销量达370万吨、年收入超过500亿元的超大型食品集团，其肉制产品不仅在中国占据较大市场份额，在国际上也具备一定的影响力，先后通过新加坡、日本、俄罗斯、菲律宾等国家的肉类加工厂出口注册，成为远销海内外的名牌产品、高质免检产品。

双汇集团2013年开始进入国际市场。集团借助双汇母公司万洲国际收购美国史密斯菲尔德公司，使得中美业务协同合作加强，为双汇迎来全方位的发展契机，经过数年布局，双汇已然在全球猪肉市场上处于领先地位，成为具备影响力的国际领先品牌。

2017年6月，万洲国际推进欧美业务拓展新举措，通过其子公司史密斯菲尔德食品（Smithfield Foods），从波兰Pini集团收购了4家肉类加工相关公司，努力通过与现有设施的整合来降低运营成本。同时，加强了从养猪—加工—销售—零售店的供应链，提高肉制产品质量，增强其在欧洲的竞争力。 2017

年9月，史密斯菲尔德同意收购Elit和Vericom 100%的股权。此次收购不仅使史密斯菲尔德在罗马尼亚肉类市场获得领先地位，而且通过传统渠道销售品牌产品组合，进一步扩大了其欧洲业务。2017年，双汇发挥整合资源的竞争优势，从食品安全推广、电商合作营销、冷链物流等方面入手，进一步加强与各方合作，共同开拓市场，促进发展，实现双赢。

　　双汇集团作为中国肉制品的龙头领军企业，在国际肉制品竞争中取得相当大的成就，引领"中国产品"向着"世界品牌"转变，向世界展现了中国品牌的风采。2017年，世界肉类组织授予双汇"世界肉类组织双会员"，与此同时，国内肉类协会也将双汇列为"2017年中国肉类食品行业综合实力十强企业"，这无不显示出双汇在国内与国际上均已成为具备较强实力以及影响力的肉类领先品牌。

　　双汇在中国肉类市场精心耕耘30多年，一直秉承双汇领导人倡导的"诚信、进取、德行"的企业文化，坚持行业的不断创新，彰显了中国肉类企业追赶世界领先水平的决心和实力，展现了中国企业在世界经济舞台上的风采。双汇作为央视所推进的民族品牌的领头羊，首先要确保产品质量，确保产业链的质量安全，为消费者提供安全、营养的肉制品，这些是双汇需要坚持的原则。自成立30多年来，双汇一直专注肉类产品，坚持品牌化发展道路，以消费者的心为依托，严把质量关，通过对品牌的执着追求，成为人们信赖的中国肉类品牌。近年来，双汇将发展触角推向世界，代表中国品牌参与国际竞争。双汇在广州揭晓的第十一届中国品牌价值500强榜单重新上榜，其品牌价值达到606.41亿元，已然连续多年保持中国肉类行业第一的位置。正是因为双汇始终坚持自己的质量方针，即"消费者的安全和健康高于一切，双汇的品牌形象和信誉高于一切"，始终坚持品牌发展道路，才得以赢得这一荣誉，同时以满足消费者对美食和健康生活的向往为目标，树立了深受消费者信赖的良好品牌形象。

　　（2）雨润冷鲜肉

　　雨润集团是较早推广低温肉产品的企业，旗下的江苏雨润食品产业集团有限公司的火腿肠品牌是肉制品十大品牌之一，公司具备大规模肉产品生产能力，也是雨润集团冷冻肉、冷鲜肉产品的生产、加工基地。除此之外，雨润集团是一家大型民营企业，包含地产、物流、金融、旅游、建筑、食品等六大产业，其总部在江苏南京，旗下拥有300多家子公司、分公司，在全国30个省市自治区均有分布，员工数量超过13万人。现阶段，其旗下包括中央商场（600280.SH）以及雨润食品（1068.HK）两家上市公司。2017年度中国市场商品销售统计结果显示：2017年度，雨润牌冷鲜肉和低温肉制品市场占有率均位列全国第一。

20世纪90年代，中国肉制品行业处于初期发展阶段，行业整体层次还相对较低，国内五星级酒店才有进口的低温肉制品供高端人群消费，而冷鲜肉，国内几乎没有这一概念。雨润创始团队在国外考察时发现，发达国家全民都在食用这种在国内市场被认为是较高端的产品，这大大激发了他们的创业自信心。

面对一个极具发展潜力的蓝海市场，除了有一双敏锐的眼，还需要一颗有魄力的心。创业之初，雨润在启动资金不足的情况下依然投入巨资，从发达国家引入先进的生产设备，领先行业平均水平十年。当年为雨润提供设备的德国厂商至今仍感叹，一个初创企业居然愿意花巨资引进这些设备，需要何等的魄力。

产品品质如果得不到保证，品牌就无从谈起。经济学家周其仁就中国品牌议题接受新华社采访时态度鲜明，"无论品牌的学问多大，它的基础是品质。如果品质不好，只是学会了很多市场营销的办法，最后依然无法形成好的口碑和品牌"。如今，在星巴克、肯德基、宜家、棒约翰、赛百味等知名餐饮商终端门店，用雨润火腿、培根等为原料制作的产品深受消费者欢迎。而接下来，雨润又进一步加强与大众餐饮、团餐等社会大众餐饮的合作，如火锅店、快餐店、企事业单位食堂等，让更多消费者吃到雨润的品质产品。

当前，雨润已形成连锁专卖、现代商超、传统经销、酒店餐饮、特通、店中店、电子商务七大渠道。其中，以"雨润专卖"为代表的连锁专卖是雨润全力打造的自主渠道品牌。主营雨润冷鲜肉的"雨润专卖"始创于2001年，初创门店曾创造仅用5天半时间完成从平地建房到开业售卖的"雨润速度"，现在全国已拥有2万家连锁门店，是中国最具商业价值的连锁品牌之一。雨润集团认为，"没有品牌优势、没有竞争优势的企业，产品附加值很难提升。要打造品牌需要准确的市场定位及创造价值"。

一流品牌，必须紧握消费领域的话语权。要做品类的缔造者，做价值的创造者，做消费趋势的引领者。从"坚持，一切只为您放心"到"西式火腿专家"，再到"中国低温肉制品领跑者/科技成就真放心"直至"随食传递爱"，雨润品牌主张的4次战略性提升，见证了雨润从品类发展期到品牌整合期、直至品牌价值塑造期的全过程。"品牌价值的最大体现，在于消费者对你的认可度。"雨润认为，"塑造品牌价值绝不是一句空话，而是通过若干个真切行动，真正打动消费者。"

现阶段雨润集团的品牌战略为采用极高的产品质量保证企业品牌的发展，与此同时，通过强势的品牌进一步推动产品的销售，为品牌战略发展打造一个完美的循环。雨润20多年来一直身体力行着这个品牌战略，认为中国品牌想要崛起，企业想要高效运转，要想提高市场服务能力和产品品质，只有通过正当的市场竞争最终让消费者获利才是正确的方法。

（3）金锣冷鲜肉

金锣肉制品有限公司创建于1994年，位于山东临沂，公司主要以生猪屠宰、冷鲜肉生产加工为主，是一家综合型企业，作为我国火腿肠十大著名品牌之一，金锣是农业产业中的龙头企业。现阶段，企业年生产2亿只肉鸡，屠宰加工2000万头生猪，生产冻肉、冷鲜肉300万吨。金锣集团作为我国较早推进冷鲜肉的企业，其生产工艺较为先进，生产出的冷鲜肉产品质量相对较高，被国家有关部门认定为"安全放心肉"，同时也被国家质监局认定为"中国名牌产品"。除此之外，金锣高温火腿肠产品也被评为"国家质量免检产品"。

现阶段，我国肉制品占据肉产量的比重显著低于欧美、日本等发达国家，占比仅为15%左右，而这些发达国家早已达到30%~40%，这也就说明，中国的肉制品产业发展仍然具备较大空间。从各类肉制品占肉制品比重中能够看出，类似日本等发达国家日常消费中，冷鲜肉制品占肉制品比重接近90%，而我国冷鲜肉制品占肉制品市场的比重较小，冷鲜肉具备极大的发展潜力，预计未来几年冷鲜肉的增速超过5%，而热鲜肉与冷冻肉则会出现负增长或低增长的情况。随着我国整体猪肉消费的稳定增长，冷鲜肉未来将占据较大市场。

中国的年轻消费群体追求健康饮食，怀念传统肉食的味道，但苦于厨艺不精和工作紧张，没有时间或没有能力烹调热鲜肉。消费者追求低脂、低盐、不添加的健康生活方式，要求休闲、便利的消费，健康安全的熟制品和调理品的需求明显增加。其中，高档冷鲜肉制品附加值相对较高，将成为肉食企业抢占市场、提升利润的关键。在竞争激烈的高档市场上，品牌化效应将日益凸显，从肉制品食用场景上也更加细分，品牌为了博得消费者青睐与信任，需要顺应差异化潮流，为消费者提供更多、更细并且满足不同用户需求的多样化产品。对此，金锣集团副总裁樊红旺介绍说，在供给侧改革的宏观经济环境下，销售收入成长首先来源于新品增长，其次来源于流通环节降库存，再次来源为产品结构调整的贡献。在年均增长低于5%的肉制品市场上，新品推广与产品结构调整的形势依然严峻，尤其是品牌产品与高端产品的导入和推广，显得格外艰难和关键。

市场在不断变化，随着人们生活水平的提高，人们的安全意识也在不断增强，消费级别也与之前大有不同。消费需求的变化提高了人们对原料品质和食品口味的要求，也更关注品牌形象。肉类企业创新营销在消费需求日趋多样化的今天有了更大的空间。金锣与其他品牌相比虽然起步相对较晚，但是却在很短的时间内进入了行业第一梯队，强大的营销创新、产品创新与品牌塑造能力使得金锣后来者居上。由于对消费者的需求和习惯进行了深入的调查并且基于产品创新开发战略，金锣推出了清真第一品牌尚清斋、休闲食品脆脆肠、中温突破型明星品牌肉粒多，以及高温换代型产品"无淀粉金锣王中王"等一系列应对独特消费诉求的产品和品牌，以拓展业务范围，占领不同的细分市场。

金锣集团副总裁樊红旺还指出[1]，金锣作为中国肉制品行业的领军企业，积极推行标准国际化、产业规模化、信息平台化、技术市场化、品类品牌化的新五化战略，以"中国肉食健康力"为核心，不断创新求变，驱动企业健康可持续发展。金锣倡导并实践的"中国肉食健康力"从长远来看不仅是金锣的发展方向，更应该成为中国肉制品行业的发展方向。

（4）千喜鹤冷鲜肉

成立于1993年的千喜鹤集团是一家具备肉食品工业、餐饮服务、物流配送、商业连锁等肉类产品生产到销售一体化的大型股份制企业[2]，旗下有6万多名职工，20多家子公司，资产达到93亿元。作为中国团餐第一品牌，千喜鹤是军队后勤保障龙头企业，2008年奥运会冷鲜猪肉独家供应商，被评为"中国名牌"。

千喜鹤在全国拥有很多大型生猪养殖基地，为保证高品质产品生产，企业从生猪选择、屠宰、加工、物流、销售均按照标准进行严格管控。正因如此，千喜鹤冷鲜肉荣获了"2008年沈阳市民受欢迎食品品牌""消费者最放心食品品牌前100""中国肉类产业影响力品牌""国内团餐首位""中国餐饮百强第二名"等多项荣誉。

①科学喂养 精心呵护

千喜鹤冷鲜肉培育养殖绿色、安全、营养、优质的生猪，坚信好猪肉从养猪开始，从优质生猪的营养要求、饲养管理技术、操作流程、养殖基地管理制度等方面对养殖绿色生猪进行了严格的规定。养殖基地为所有生猪制定了不同阶段的营养要求，每天按照标准对生猪进行观察、检疫和治疗；每天按时对生猪进行喂养；每天按时对猪舍进行清洁、冲洗、消毒；每天按时填写日报。千喜鹤正是秉承生态养殖理念，坚持科学喂养，才保证了生猪的品质。

---

[1] 资料来源：豆丁网 [OL]，2014.
[2] 资料来源：赶集网 [OL]，2012.

②一流的生产设备、独特的加工工艺

屠宰车间引进德国 BANSS 生产线为国际一流的生产设备，其中二氧化碳窒晕及低温二次排酸工艺为国际最先进的屠宰加工工艺。为了避免猪肉中产生毒素，生猪要进行 6 小时以上的静养再进行宰杀，这样可以将普通猪肉的草酸味、腥味去除。在 0～4℃温度下进行两段排酸，将猪肉中的酶转换成人体容易吸收的氨基酸。公司实行同步检疫、二段冷却排酸和精细分割、冷链运输、配送销售等先进工艺流程，按照循环经济理念进行设计，采用先进的感应式火焰燎毛、立式蒸汽烫毛、自动回钩系统、超声波清洗等设备。

③可追溯系统对产品的全程安全保证

在每一份千喜鹤冷鲜肉产品中都有一份信息档案，在质量系统中，一个条形编码对应一头猪，这个编码就像"身份"档案一样，记录了产品在每一个环节中的责任信息，便于消费者查询。千喜鹤传承服务奥运的精神和责任意识，以绿色生态的经营理念，凭借独特的"龙头企业＋养殖基地＋合作组织＋农户"发展模式，打造出了完全可控的从田间到餐桌安全食品供应链，构建起国内领先的绿色生态型肉品产业链。虽然面临许多问题，但令人欣慰的是，一些品牌冷鲜肉生产企业在利用实际行动促进行业的发展。在国内冷鲜肉品牌企业的带领下，我国冷链物流更加趋于标准化、规范化，冷鲜肉行业正乘势迎来发展的春天。

三、国内冷鲜肉类品牌发展的误区

任正非先生说："我们没有什么复杂的价值观。特别是小公司，不要这么多方法论，认认真真地把豆腐磨好就有人买。"中小企业根据客户需求，全心全意做好产品和服务，承担自己应该承担的责任，就是最好的品牌管理。品牌建设如同人的信誉，不是一朝一夕的事情，不可能在短时间内积累起来，不可能速成，必须耐得住寂寞、脚踏实地、循序渐进。

做任何一个品牌都不是一朝一夕就能成功的，品牌是一个长期坚持的结果，不能随意改动。我们要目光长远化，坚持一种品牌化经营的思维，虽然短期的销售目标与品牌利益会有一定的矛盾，但是不可以一味地强调短期利益，否则很有可能丢失品牌积累与品牌体验。大多数人都会犯这样的错误：还有没有更好的？这个方向对不对？精益求精的精神是对的，但品牌的定位一旦确定，不宜轻易变更。

企业需要品牌的积累与沉淀，也需要更多的新农人和企业家。关于品牌，不少企业还存在着一定的认知误区[1]。

误区观点之一：企业处于创业初期，没有实力，只有销量才是最主要的，品牌的事等做大了再说

做销量和做品牌并不存在根本的矛盾。做品牌其实也是做销量，只不过它做的是一种有质量、可持续的销量；做销量也是做品牌，任何品牌一定是建立在一定的销量基础上的。尽管如此，品牌和销量之间好似会存在着一定的冲突之处，但是这实际上是追求短期效益和追求长期效益之间的矛盾。如果一个企业的经营者想要让企业走得更远，那么就需要努力权衡品牌与销量之间的关系，要尽量把二者结合起来。在这个过程中也会遇到很尖锐的矛盾，那么就需要企业家拿出自己的勇气和远见。如果一开始，一个企业的思路就是做品牌，那么会少走很多弯路，而且产品销量也可能会很快增加起来；如果一开始一个企业不是按照做品牌的思路，而是碰巧做起来，说明你一定隐含着欠缺一个打造品牌的基因——定位，这个时候考虑做品牌也能够使企业从偶然成功走向必然，自觉地规避打造品牌和做大销量过程中的风险。不然等到企业做大了会面临更大的风险和更多的陷阱，这时候再考虑谋求长远利益、追求做品牌就有些困难了。

把做销量和做品牌对立起来，寻找借口不按照打造品牌去经营的观念，并不是一个很好的想法。从创业的第一天起，就要按照市场营销法则和打造品牌的思想去选产品、定价格、进渠道、做宣传，并以此为起点做销量。

---

[1] 鲁建华. 中国茶叶品牌十大误区 [J]. 企业科技与发展，2010,42:30-31.

误区观点之二：做品牌就是做广告，要花很多钱

企业只是在一个区域内打造品牌的时候确实需要一些钱，但是并没有想象中的那么多。有很多人认为做品牌就是做广告，即便从单纯的传播的角度来讲，做品牌与做广告也是不同的，做品牌的内容要比做广告更广泛，层次更深。品牌传播在竞争激烈的时代是很依赖于公关活动的，但是打造品牌时花在公关上的钱要比广告少得多。

企业需要暂时忘记广告，而是在打造品牌时学会利用公关效应。

误区观点之三：打造品牌就是打造质量，在竞争中质量更好的产品一定胜出，质量是评价品牌好坏的唯一标准

商业中只有对更好产品、更高质量的认知。企业追求更好产品、更高质量没有错，但不能只从自己的角度看待质量。企业与消费者看待质量的方式是完全不一样的。企业认为自己的产品是比其他人的要好这一点毋庸置疑，然而这只是企业自己的想法，并不代表消费者也会有同样的想法。企业的产品可能确实比别家的好，但如果企业不能把这种信息以顾客接受的方式（不完全是广告）传播出去，就不可能达成消费者的认知。

企业应该在顾客中创造和建立一种认知，让其愿对自身的产品质更加了解。较高的价格，专有的销售渠道，甚至是一个专有的有创意的名字等办法都是一个不错的选择。

误区观点之四：打造品牌就是要追求顾客满意，维护顾客忠诚

这是一种典型的顾客导向思维。营销不是企业和顾客两个人玩的游戏，而是至少有企业、竞争者、顾客三方参加的游戏。当市场只有一个企业提供产品的时候，顾客可能会保持忠诚；当面临更多选择的时候，顾客自己都保不准会选择哪个。顾客忠诚的是其认知上的需求满足和效用最大化。促使顾客保持忠诚，更多的其实是企业和竞争者博弈的结果，企业追求的顾客满意在其中的作用有限，因为所有企业都在追求顾客满意，这个企业做的那个企业明天就会做，最终导致营销战略趋同、战术相似，在竞争中不起决定性作用。

企业营销从以顾客为导向转向以竞争为导向。要从竞争的角度思考如何进入、占据顾客心理，让自身的产品成为同类首选。

误区观点之五：名字不重要，重要的是产品本身

名字像是一种吸铁石，品牌会依赖于这种磁性将人们的思维吸引到某个品类阶梯上，名字会使顾客对产品形成第一印象并且强化对产品的相关认知。如果企业的产品很好，但名字太长、太拗口、让顾客有不好的联想，是不会植根于顾客内心的。

名字隐含着企业的品牌基因——定位。如果名字隐含的意义正好与企业想传达的定位相反，就不可能取得成功。保守地说，好名字能自己传播自己，为企业节约大量的广告宣传费。有时候名字就是产品的全部，顾客选择产品，没有理由，只是因为企业的产品有一个容易记住、让人觉得亲切熟悉甚至是让人觉得可以带来好运气的名字。历史上很多企业因为名字的原因而失去打造强大品牌的机会，有的甚至因为用错名字而遭破产倒闭。当然，历史上也有一些品牌不是太好的名字取得了成功，但这些名字大多代表着某一类全新的产品品类。

打造品牌从好名字开始。选择一个好名字堪比企业在产品质量上所做的许多努力。好名字的标准是简短、独特、易读易记，最好蕴含着产品的本质特征或益处。

误区观点之六：做品牌就是做知名度，品牌就是名牌，名牌就是品牌

一个鲜明的例子就是现在很多政府机构给自己设置的品牌推进委员会起名为"名牌推进委员会"，同时很多中小企业或者国有企业也存在类似的误解。

品牌不是名牌，但名牌不仅仅是品牌。知名度是形成名牌的一个基本条件，但知名度不是品牌的核心更不是品牌的全部，名牌仅仅强调了品牌的知名度，所以名牌不是品牌。

品牌的真正核心是品牌的定位，即品牌背后所代表的与某个品类紧密相连的单一概念或看法，这个单一概念或看法能够把它从众多其他品牌中区分开来；而名牌除了知名度外，可能既没有与某个品类紧密相连，又没有代表

某个单一概念或看法，它无法仅通过知名度把自己与别的品牌区分开来。在产品匮乏的时期，名牌是比较稀少的，而其品牌保证了一定的品质，所以在早期的市场中某些名牌会被认定为品牌。

企业需要把打知名度和传播品牌定位结合起来，打造品牌，不能为了打知名度而打知名度。

误区观点之七：做品牌就是树立形象，形象好就是品牌好

在企业与广告公司合作时，这种观点是一个需要特别注意的误区，并且这个误区也是比较普遍的。合作过程中，广告公司也可能会引导企业进入这个误区。

品牌与形象是不相同的。在某个品类中，品牌是一种代表，当消费者想要消费这个品类当中的产品时，某个特定的品牌会引导消费者去直接购买这个产品。企业如果不能借助形象把自身的品牌和别人的品牌区分开来，品牌形象更不能引导消费者去购买自身的产品。2008年奥运期间，许多著名公司或品牌提出了口号，例如国家电网"点亮梦想"，燕京啤酒"感动世界 超越梦想"，青岛啤酒"激情成就梦想"，中国国航"承载奥运 放飞梦想"，伊利牛奶"为梦想创造可能"，这些口号都是关于梦想的，顾客能分清楚哪个品牌做的是哪个梦吗？顾客会追随着它们这些梦去购买产品吗？很多日益衰落的广告公司就是因为他们在品牌的形象塑造上陷入停滞。更多企业认为做品牌首先是要树立形象，这是不对的。首先应该让消费者在心中认识到企业产品与其他企业产品的差异，这样就可以让消费者知道购买企业产品的理由。形象是在确立品牌定位之后对品牌做的事情，品牌的基因也就是品牌的定位，正是它为顾客创造了独特的、与众不同的价值。先有定位，后有顾客，再有形象。形象是在拥有众多顾客后的一种光环效应。

打造品牌的不是形象，而是定位。形象不能帮你创造顾客，而定位能。

误区观点之八：品牌延伸可以节省成本、降低风险，可以充分利用品牌资产，做大做强品牌

品牌延伸可能是打造品牌过程中最大的误区观点，也是商业实战中一个

不间断发生的过程。企业应从批判的视角审视品牌延伸方略，最主要的原因如下。

一是品牌延伸模糊了心智，再已不能代表某个单一的概念、看法、品类，从而让品牌丧失了成为某个品类、某个概念通称的机会，而这一点是打造品牌的关键所在。一个名字不能用来代表两个彼此完全不同的产品，这是心智认知自身的规律决定的。二是品牌延伸削弱了品牌的长期竞争力。竞争不强的时候，延伸品牌可能还有市场，竞争白热化的时候，剩下的往往是代表单一概念的专家品牌。短期看，延伸能增加企业的销量，长期看会破坏企业的品牌。三是在任何一类产品中，品牌都不是从其中的领先者延伸出来的。这也印证了一个真理：在营销中，多便是少，少便是多。产品越多，市场越大，阵线越长，每个单一产品赚的钱越少。满足所有人的所有需求，不如满足某些人某个方面的需求来得实在。四是打造一个新品牌并不像人们想象的那样要比推广延伸品牌花更多的钱。五是启用新品牌可以避免延伸品牌不同产品之间的负面影响问题。

虽然很多的事实都证明了品牌延伸并没有太多积极的作用，反而会产生一定的消极影响，一些企业还是会一而再再而三地试错。一个原因是品牌延伸在短期内会节省企业的推广成本，让企业运作起来更容易甚至更成功；另一个，也是更重要的原因是品牌延伸会更加符合一般企业老板的管理常识和思维。

走出品牌延伸的误区需要企业领导者的勇气和决心，这不是一个理论问题而是一个信念问题。

误区观点之九：不断通过一些品牌变种如大品牌、母品牌、子品牌、主品牌、副品牌、侧翼品牌和公司品牌等来扩展自己的品牌，增加产品品项和产品类别

顾客认知中从来就没有这些日益泛化的品牌概念，这些概念只存在于所谓专家等专业人士的专业讲座中。

在顾客讲座内心深处，所有的品牌概念都将消失。想想看，如果一个顾客对你的一个朋友说："你认为蒙牛的子品牌特仑苏怎么样？""你认为这个主品牌是娃哈哈子品牌是营养快线的产品如何？"；你的朋友回答说："不怎么样，我倒想尝试一下汇源母品牌下的一个侧翼品牌"。这是一个怎样的情形？一个品牌就是一个品牌，顾客心灵深处没有这些子品牌、副品牌、侧翼品牌等深奥的品牌变种。品牌之所以成为品牌，是因为它具有独立的身份，代表某个单一的概念、看法、品类（品牌的单一性），能够影响到顾客的购买决定。如果一个品牌还需要其他的所谓大品牌、主品牌、母品牌、公司品牌来为它背书支持，那它本身就不是一个品牌，最多是一个二流品牌。那些大肆发展副品牌、子品牌的所谓大品牌、主品牌、母品牌、公司品牌由于做了太多的扩张，越来越失去了一个品牌最重要的特性——单一性，不能有效地引导和影响顾客购买，而日益沦落为二流品牌或者一个名字。

如果企业品牌不想沦落为二流品牌或重新转化为名字，企业应立即停止各种品牌延伸和各种品牌泛化的努力。

误区观点之十：分不清时尚和趋势，借口变化，模糊定位，总有跟随变化而调整、重新定位品牌的冲动

变化是永恒的，但有些变化是趋势，有些变化只是时尚。更多和更短暂的变化是时尚，更少和更缓慢的变化是趋势。商业的智慧之一在于能够区分二者的区别。

品牌不是不变，而是说品牌的改变要非常小心。其一，品牌不需要经常改变，更多的情况是以不变应万变，尤其是在这些看起来巨大的变化只不过是一时的时尚之时；其二，如果变化是一种趋势，而且这种趋势与原来品牌隐含的定位有着革命性的不同时，原品牌也不需要改变，这个时候需要的是取用全新的品牌，用这个全新品牌去抓住这个趋势，开创、拓展、主导这个趋势发展出来的新品类，原品牌只需要接受随品类的衰落而自然死亡的结果就行了；其三，如果变化是在原来基础上的一个自然发展，品牌隐含的定位本质并没有根本的变化，或者说是一种自然而合乎逻辑的变化，这个时候可以考虑改变品牌，对品牌进行重新定位。

品牌能不能改变，何时能够改变，其实不是由企业决定的，而是由品牌在潜在顾客心理中的地位和认知逻辑决定的。无论什么时候，改变品牌都要非常小心。如果你想好了，你就干吧，但"这将是一个长期的、困难的、昂贵的，也许会是不可能实现的过程"。

品牌占据一个定位后，关键是要坚持而不是改变。即便真的需要改变，也要极其小心。

品牌发展是一个不断积累的过程，不是一朝一夕就可以做成的事情。急于求成，只是一味地追求一方面，势必会物极必反，导致不好的结果发生。

事件一：双汇冷鲜肉的滑铁卢

生产企业的专卖店管理与供应链建设无疑是对企业发展活力的构建，双汇就没有充分认识到这一点。双汇冷鲜肉专卖店纷纷闭店已经敲起警钟：品牌企业在做强做大过程中应管理先行，谨慎扩张。

2004年11月16日，双汇成都办事处正式撤离蓉城。它的撤离是因为那里已经无"事"可"办"，因为在那之前差不多半年的时间里，四川的双汇冷鲜肉专卖店已经关门停业所剩无几了。

双汇冷鲜肉的历史并不长，随着社会的发展，猪肉由奢侈品变成了必需品，安全和营养成为老百姓最关心的问题。双汇集团改变了传统的屠宰和售卖方式，于1998年引进了第一条生鲜肉屠宰分割生产线，并于1999年开设了双汇连锁店，高标准销售生鲜肉。截至2004年6月，双汇已在全国8个省市开设了500余家连锁店，但现在这500家店已有大半关门。

导致双汇冷鲜肉全线失败的最主要原因是供货不及时。双汇冷鲜肉在最开始进入全国市场时是以低价打开市场，但随着货源紧张和生产成本上涨等原因，双汇不得不进行提价销售，与市场上的时鲜肉相比就没有了价格优势，使得原有的消费者逐渐流失。更重要的一点，双汇在企业供应链管理上没有战略部署和科学规划，一旦零售终端发展过快供应链管理跟不上，必然导致亏损。供应链管理是把供应商、生产商、分销商和零售商等在一条供应链上的所有节点企业全部整合在一起，优化配置人财物等诸多因素，使生产资料以最快的速度，通过生产分销环节变成增值的产品，送达到有消费需求的顾客手里。

双汇在最基本的运营管理没有做好的情况下，就已经准备运用高端的管理工具，如大量的数据不准确、标准化程度较低、缺乏品类规划进行品类管理等，这说明双汇在日常运营中还缺乏扎实的管理。

随着人们对"安全肉"的需求越来越高，肉类食品的安全问题已成为食品安全的热点问题。随着冷鲜肉、冷冻肉市场份额的扩大，各种安全问题也层出不穷，如"僵尸肉"流向餐桌，冷藏不当导致细菌超标等。

事件二：在人造肉中非法加入添加剂

扬州亿豪食品工业有限公司（下称亿豪公司）曾是国内豌豆粉、大豆组织蛋白系列产品生产的大型专业厂商，其生产的豌豆粉、素牛肉、素肉松、人造肉等半成品在肉制品、速冻产品、休闲食品的加工领域应用广泛。

可就是这样一家有规模的食品企业，为了提高自身系列产品的卖相，从外地购买了日落黄、双乙酸钠、二氧化钛、滑石粉等添加剂，加入到公司生产的人造肉、豌豆粉、素牛肉、苏亚系列（内部称蛋白松系列）半成品中，以提升产品外观，延长保质期，增加销量，牟取暴利。

如果你的企业在世界各地的厂房突然被一把大火烧光，一夜回到解放前，你会怎样？崩溃？绝望？可口可乐前CEO道格拉斯·达夫特曾说：如果可口可乐在世界各地的厂房被一把大火烧光，只要可口可乐的品牌还在，一夜之间它会让所有的厂房在废墟上拔地而起。任何企业都应该有属于自己的品牌。你见过挺拔高大的竹子，那你知道竹子的成长过程吗？竹子长到3厘米的时候，大概用了4年的时间。然而，竹子从第5年开始就会以每天长30厘米的速度疯狂生长。以此速度，竹子6周的时间就可以长到15米高。在前面的4年里，我们只看到了竹子长了3厘米，但是其实在这几年里竹子的根在土壤里延伸了数百米。其实做品牌也是同样的道理，品牌也需要一个积累储蓄的过程，这些时间和过程都是为了更好地扎根，不要追求现在的付出会立马得到回报，也不要担心付出会得不到回报，只有熬过了3厘米的那个阶段，你才能傲视群雄。

四、国外冷鲜肉类企业品牌发展的启示

当前，供给侧结构改革刻不容缓，农产品也不例外。可是到了现在，很多人的思维依然停留在只顾生产、只管收款的阶段，缺乏农产品品牌意识。因此大部分农业企业停滞不前，无法实现转型、资本化。众所周知，品牌的打造直接决定了未来农产品的销量及价格。当我们为自己的农产品打造品牌时，通过分析、研究，就会对自己的产品有进一步的了解。这样我们就能准确定位产品的目标人群，进而制定合理的营销方案，拓宽产品的销售途径。

然而，中国的农产品品牌建设依旧任重而道远。除了提高农产品的质量外，我们必须要学会正确的品牌打造方法。在这方面，有些国外企业就做得较好，让我们看看他们是怎样将自己的农产品品牌打造得独一无二，并且闻名四方。

（1）日本农业借助标准化提升品牌内涵

在种植葱的过程中，日本从品种的选育到生长的各个过程中都制定了一整套完整的规范，并且要求每棵葱的颜色、粗细和长短都要符合规定的要求。日本在农产品生产方面对其形状、粗细和大小都有确切的规定，日本农产品高品质的定位是由标准化的生产过程和严格的质量控制所决定的。

日本农业自己的产量只够满足很少一部分人的需求，其他大部分的需求都是需要靠进口来满足。尽管如此，日本对这很小的部分也很讲究口感和营养。

日本企业在品牌化方面的一个榜样是"男前豆腐"。2005年，日本青年伊藤信吾接手了父亲的豆腐店，决定改变"三块豆腐100日元"的传统卖法以及豆腐就长成四方块的传统标准。伊藤信吾和几个志同道合者共同开发了全新概念的豆腐品牌"男前豆腐"，将豆腐的概念、造型、包装、产业链延伸等进行了革命性改良。第一，在物理层面的差异主要体现在"形状+包装"上的不同，男前豆腐打破了"传统豆腐"的四方块形状，凹出了各种造型。

例如水滴形、瘦长型、琵琶型等异形。第二，化学层面的差异，"男前豆腐"顾名思义是"男子气概豆腐店"，软嫩的豆腐变成了男子汉的象征。这种"软硬反差"，给消费者的认知和感官带来了冲击；由此给人一种"创新、有趣、潇洒"的品牌精神。据说，许多日本人买不到"男前豆腐"，也会预定购买，因为他们要的就是这种潇洒的感觉。"男前豆腐"将自己网站上推出的4首独特歌曲《豆腐店的摇滚乐》等，变成可以下载的手机彩铃。第三，跨界经营，打造超级IP。"男前豆腐"的商标图案也制成了手机待机图案和Flash游戏——和人气动漫《海贼王》共同开发了"乔巴豆腐"。可以说，"男前豆腐"打造了豆制品界的顶级IP。从IP的延展上，我们也可看出：IP让一个产品从单纯的物理功能（豆腐的营养价值），升华到了一种精神层面（表达自我、娱乐、好玩），从而，赋予了产品长尾效应和巨大的蓝海想象空间。

再如日本的"松板牛"品牌，牛在饲养过程中很注重饮食方面的搭配，主要以豆饼和大麦混合饲料为主。而且为了使牛的食欲增加，在牛育肥后还要给牛喝啤酒，提供音乐按摩和日光浴等生长条件。

日本在发展农产品品牌，对品牌主要是通过一些政策制度来进行规范。例如，"一村一品"政策1979年在日本大分县正式实施推广。政策实施过程中因地制宜，以某一资源特色区域为中心，打造出一种或几种优质的具有地方特色的农产品，先在一定的区域内形成品牌农产品，然后再逐渐向全国扩展。还有"本场本物"，这是一种品牌认证制度，在日本全国范围内推行实施。这种制度是对参与认证的生产加工企业生产的具有传统特色的农产品，由区域食品品牌标记标准审查委员展开审核，并对其进行跟踪管理，建立综合审查制度。

（2）法国农业学会讲故事

从全世界来说，法国农产品品牌都是相当成功并且是有一定特色的。法国从品牌认证出发，将农产品的品牌战略与农业的标准化建设相结合，以质量认证为基础，以政府的扶持和严格的质量管控为切入点来发展农产品品牌。

品牌发展的一个关键环节就是农产品认证。法国从这一环节着手，在地方资源和传统文化基础之上制订了一系列体系来对产品进行认证,其中最著名的应该就是 AOC 认证,即原产地命名控制的认证体系。它体现了农产品与其产地之间的密切关系,有着 AOC 认证标志的农产品在很多方面都具有比较明显的优势,品质过关可以得到消费者的信任。

同时,法国在某些方面也是一个比较严格的国家,例如在对农产品的成分、标签、生产过程等方面的规定。如世界著名的法国香槟,法国的法律有相关规定是关于香槟酒的,从种植的土壤到品种以及酿造的程序及工艺都有明确的规定,这么做的目的就是为了使香槟酒文化的品牌影响力得到保证。法国食品协会和农业部会在不同的国家和不同的地区举办展览,来向世界介绍自己的国家食品,每年都会举办品酒大赛,邀请来自不同国家的喜爱酒文化的人参加,他们倡导法式生活方式,会以各种各样的形式让世界来了解法国饮食的魅力。这种品牌文化的建设不仅需要农产品自身的高品质,政府机构的管理与支持也相当重要。

(3) 美国农业塑造多元化品牌

美国是农产品品牌发展较早的国家,其科技创新水平、传媒营销水平、专业化经营都具有明显的优势,通过发挥科技实力提升品牌价值。在美国,一方面,农业科技生产信息的网络支持技术,可以实现农业耕作的自动化,网上农资销售系统的实施则方便了消费者自助购物;另一方面,科技公司的发展也为农产品品牌发展提供了基础和便利。例如,美国一些著名的农业生物技术公司每年花费大量的资金用于科技创新,这些公司每年的收入有将近一半来自科技创新。

专业化经营是美国农业的一个特点,其中对于品牌的创建和发展起到很大影响的就是协会的存在,最典型的一个品牌发展模式就是新奇士橙品牌。该协会采用现代的企业运作模式,是一个利益共享体并且实行分级管理,生产销售系统的信息化和数字化都比较完善,同时该协会十分注重服务与质量,不仅与国家的其他品牌积极合作使品牌多样化,而且对于不同地区的消费者进行了口味甄别。

（4）新西兰农业打造差异化农产品品牌

新西兰对农产品品牌的打造重点在于差异化，其中最著名的一个农产品品牌就是被称为奇异果代名词的佳沛品牌。1996年，公司广泛调研奇异果在民众心目中的形象以及他们的食用感受，在电脑程序中输入需要传达形式和内涵需求的字词，ZESPRI（佳沛）这一新词就在电脑中自动生成了。原来的绿色奇异果的口味比较偏酸，因此佳沛进行改良推出了黄金奇异果，这种奇异果果肉是黄色的而且口味偏甜。当时这种奇异果在新西兰甚至亚洲都非常畅销。佳沛的一个重要举措即创新，这不仅树立了一种差异化品牌形象，而且也提高了品牌的溢价能力。佳沛奇异果在包装的过程中具有统一规范，而且会控制奇异果本身的形状、颜色和大小，这就是此品牌的奇异果能够畅销的重要保证——标准化管理的生产过程和高度统一的品质形象。

五、启示

国外的农产品品牌打造方法带来了很多启示。

1. 打造优质产品，强化标准体系

如今，随着消费者对食品安全问题越来越重视，农产品的安全问题也成为人们关注的焦点，全球的生产企业都会将质量问题放在首位，而且在生产过程中会用标准化的程序控制质量。因此，中国农产品品牌在发展的过程中，要保证农产品的安全并不断提高其质量，要打造标准化的生产，建立标准程序，要控制各个环节的质量问题并提供相应的检查报告。

2. 切入差异化，提高品牌识别度

塑造产品和品牌的形象要想办法表现出外在形象的不同，使外在形象差异化品质化，提升产品的内在价值也要靠外在形象显现出来，使内在品质外在化。主要的方式有选准品牌代言人，做正确的广告，利用新型产业模式创造差异，利用终端设计塑造形象，创意建立品牌识别符号，设计好包装，以

彰显价值和差异等。

3. 学会借力，超越自我

从其他国家的品牌销售中可以看出，如果营销策略有创意则能够很明显地提高销量。中国农产品的广告投入相对较少，因此，中国的农产品企业要加大广告宣传力度，广告公司也要充分利用各种资源平台，采用现代传播手段对农产品品牌形象进行塑造和宣传，提升品牌市场认知度。

4. 学会包装，注重文化与体验

饮食承载着文化，文化影响着饮食。农产品从田间地头来到厨房餐桌，要想卖得多、卖得贵、卖得持久，就一定要借助文化的力量使品牌增值。因此，挖掘、打造、提炼和传播与食品相关的文化价值成为创建品牌的必需手段。与农产品相关的文化资源包括：消费者认知、消费习惯和饮食习俗[1]。比如，食品概念、饮食习俗、口味方法，南甜北咸、中辣西酸就是这种资源；还包括人文历史资源，比如产品传说、名人故事等。

农业是一个发展空间巨大的产业，但农业也是一个相对复杂的领域，所以我们应重视农产品品牌的建设，包括农产品品牌如何深度发展，研究消费者如何看待品牌、如何在市场上脱颖而出，以及品牌如何促进中国名优资源的有效整合。在此情况下，国外具有优秀经验的农业品牌值得中国学习。

从古至今，肉都是人们不可或缺的食物，但是近年来的问题肉却让人们格外关注。在国外，肉是人们饮食中最重要的部分，国外在保障肉类食品安全上也有一些好的方法。

（1）德国：屠宰前进行兽医检查

德国的一项统计表明，每年的肉类人均消费量约 87 千克，所以肉类安全

---

[1] 郝北海. 难点就是突破点 做农产品品牌的八大法则 [J]. 食品工业科技，2014：21-22.

问题就显得尤为重要。德国的肉类产品从饲养到加工再到销售的过程都是在一个企业内进行一体化经营,这样不仅使肉的质量得以保证,而且也可以保证各个环节、程序的安全。

在德国的布尔斯格肉制品公司,首要任务是保证肉类品质安全。公司负责人表示,进入屠宰场的牲畜必须接受兽医检查。

(2)日本:绝不允许反复冷冻

与中国一样,日本大型超市里出售包装好的肉制品,但在一些生活区内,还是存在许多传统的肉铺。人们都觉得肉铺里面的肉比较新鲜,只是价格比超市贵。肉铺里的"鲜肉"是冷藏在4℃环境下,切成小块的成品。一些铺子里也有大块的牛肉,但都洗得很干净,出售时用机械切割机切出合适的重量。肉铺里还出售冷冻肉,全部保存在−20℃至−30℃。冷冻肉的价格比冷藏肉便宜些,因为大多是进口的,新鲜度较差。在日本,如果冷冻肉解冻了,就绝不允许再进行复冻。因为在常温下,解冻肉中微生物繁殖力增强,酶的活性上升,再冻后不耐贮藏,易于变质。反复冷冻会使肉的保水能力降低,肉的营养价值和风味全面下降,甚至会产生致癌物质。如果解冻后的肉卖不完,一般会减价销售,或者进行加工后再出售。

(3)美国:鲜肉存在4℃以下

世界上最多的鸟是什么?这是美国小学的一道测试题,难倒过许多孩子和家长。正确答案是:鸡。美国人消耗最多的红肉是牛肉,白肉是鸡肉。

美国人对于"鲜肉"的定义,与中国人的概念大不相同。在美国农业部新出炉的肉食品标准中,"新鲜"的界限主要是储存温度。一般−3℃以下的为冷冻肉,−3℃至4℃的为鲜肉。所有肉类从屠宰场开始,就必须保持在4℃以下。在纽约一家大型超市,这里的肉类食品清洗得很干净、包装严格,摆在冷藏货架上。肉类柜台的营业员表示,常温下肉类的细菌生长得非常快,与冷藏时相比,16℃下细菌繁殖量增加10倍,21℃时繁殖量增加400倍,27℃时增加2000倍。所以,想保证肉的安全,一定要进行冷藏或冷冻。此外,不同包装的肉类在架销售时间也不同,如包装袋内充入特殊气体的肉在架销售时间平均为9天，真空包装肉类的在架销售时间为14～18天。

不少美国人去超市买新鲜肉时，都会带上冷藏袋。买回来后，吃不完的就会放入专门的肉类冷藏盒存入冰箱，可以保存两三天。

（4）英国：肉食品知识较普及

吃，永远是人们关心的话题。英国人对肉类知识格外关心。虽然英国人的肉类摄入量比世界卫生组织的建议摄入量高，但是很少出现安全质量问题。

英国有许多消费者保护协会向百姓邮寄关于食品安全的小册子，其中关于肉制品安全的知识最多。从生产到包装再到销售，英国人甚至知道每个环节的标准，这样他们在购买时就能做到心中有数了。小册子中指出：冷藏食品摸上去不能有温暖的感觉；冷冻柜里食品不能太多；生熟严格分柜处理；肉制品包装坏了不能购买；购物完毕应以最快速度回家冷藏或冷冻等。

英国政府规定，超市的肉必须包装出售，因此对肉类包装材料要求很高。例如，装生肉的包装不能循环使用；普通保鲜膜不可以直接接触肥肉、油炸肉制品等高脂肪的食品等。

（5）加拿大：卖肉没许可证，商家会坐牢

加拿大是畜牧业大国，肉类生产自给有余，人年均生产肉类137千克，消耗肉类约100千克。传统上，加拿大人消费最多的为牛肉，但2003年爆发大规模疯牛病后，牛肉消费量锐减，最终鸡肉销量超过牛肉，成为最大宗的肉类消费品。

加拿大食品检验局（Canadian Food Inspection Ageney，CFIA）全面负责肉食品安全。这是个相对独立的联邦直属机构，但其局长须向农业部食品中心定期报告工作。其总部设在首都渥太华，下属4个大区总部，共18个地区办公室、185个基层办公室，并在408个非政府机构设点，基本可以覆盖全国。CFIA规定，肉类生产和出售必须持有许可证，无证经营属于违法。CFIA总部的一位负责人介绍，许可证有两种：一种是全国核发的，可以在全境内销售肉制品，并可以出口国外；另一种由各省检疫部门自行核发，只能在本省范围内销售。

无论哪种，CFIA 都会根据企业规模派出足够数量的官方兽医和质检员驻厂，跟踪进行检疫检验；在销售终端也会定时抽查。如果商家想逃过检验，没有获得肉类生产和出售许可证，不仅会破产，还将面临牢狱之灾。

虽然我国冷鲜肉类品牌的发展已经取得了很大的进步，但是与其他国家的一些知名冷鲜肉的品牌相比还有较大差距，我们应该及时认识并且纠正冷鲜肉类品牌发展过程中的问题，使品牌更好地走向世界。

第二部分 | 案例分析

案例一
壹号土猪

一、企业背景

广东壹号食品股份有限公司（以下简称"壹号食品"），其前身为广东天地食品有限公司，主要以"壹号土猪"为主导品牌，集育种研发、养殖生产、鲜肉销售于一体，采取"公司＋基地＋专业户＋连锁店"全产业链管理模式，是一家对产品品质精益求精、对顾客满意度孜孜追求、从产地到餐桌充分整合国内地方猪（俗称土猪）资源的现代创新型农业企业。壹号土猪品牌自2007年1月27日上市以来，行销广州、深圳、佛山、中山、珠海、江门和湛江等广东主要经济发达地区。2013年1月25日壹号土猪成功登陆上海市场，为壹号食品向省外进军打响第一枪。壹号土猪以差异化突出的优质产品及个性鲜明的员工精英团队，备受百万消费者的青睐。截至2017年11月，广东壹号食品股份有限公司已拥有遍布全国24个省市的1300多家连锁档口，是国内规模最大的土猪鲜肉食品连锁企业。

二、产品介绍

壹号土猪是广东天地食品有限公司董事长经过长期的实践和研究，在广西陆川猪种的基础上，与我国优秀的地方土猪种——太湖猪进行二元杂交，从而选育出来的优质土猪种。壹号土猪因其肉香味美、营养丰富，成为目前市场上营养价值较高、质量较好的猪肉产品之一。2008年1月，在中国金猪比赛中，壹号土猪获得所在的广州地区烹饪协会颁发的"最佳肉质奖"和"最佳风味奖"。2009年1月，壹号土猪分别获得无公害产地和无公害产品认证，是广东省唯一一家被农业部核准的无公害土猪生产企业。2014年获得总部位于英国的世界农场动物福利协会总部向中国养猪企业颁发的"福利养殖金猪奖"，并于同年喜获广东十大名牌系列农产品之殊荣。2017年，壹号土猪在北京举办的第十五届中国国际农产品交易会参展，并获得农产品金奖，赢得了国外友人的赞誉。

三、产业规模

近几年，壹号土猪市场销量以每年翻一番的速度高速增长，赢得超过百万消费者的厚爱，年销售额超过12个亿，成为中国最大的土猪鲜肉食品连锁企业，是当之无愧的细分行业领导者。壹号土猪已在全国开了1300多个档口，覆盖广州、深圳、上海、北京等城市的核心商超和农贸市场。

四、品牌战略

（一）品牌猪肉——敏锐的洞察，先行一步

基于国内养殖模式现状，散养模式仍占有一定比例。因此，较低的产业化水平，割裂的产、供、销系统，较低的从业人员素质，不到位的监管成为猪肉食品安全问题的根源。随着城市居民收入不断提高，对高端肉的需求也在不断增加。消费者更大程度通过对品牌的认知来识别猪肉的好坏。品牌猪肉方便确认产品责任归属，能从根本上追溯和解决问题，为消费者提供品质担保，降低购买风险。目前，品牌猪肉的总体市场份额占比不到20%，猪肉行业的大品牌整合时代尚未到来。成功企业大多比同行先行一步，壹号食品正是发现了这一商机，开始了一场以品牌营销为导向的猪肉销售革命：采用全产业链管理模式，上控资源（提供种苗、饲料、兽药、技术支持和培训服务，完善公司＋农户利益分配机制和监控体系，稳定货源）、中控物流（自建屠宰场、统一配送）、下控网络（专卖店连锁经营），依托品牌，保障产品安全。

（二）品牌要素——品牌故事取胜

品牌越有传奇色彩，越能引起大众的关注。众多品牌要素中，壹号土猪的品牌故事之杀猪做事业的"北大猪肉佬"，对其品牌知名度提升作用最大。2003年北大毕业生陆步轩因下岗、投资失败而被迫卖猪肉的事件，引发了公众对教育贬值和大学生职业选择的热议。2006年关于"北大第二个卖猪肉的

毕业生"陈生的传说风起云涌。但两个卖猪肉的"北大才子"最大区别在于，陆步轩杀猪是不得已的职业选择，而陈生杀猪是看准商机后的长期事业投资。"北大才子"与"猪肉大王"的角色重合引起巨大的轰动效应，使得壹号土猪品牌知名度大大提升。

（三）品牌定位差异化——成功的一半

商战不是产品之战，而是顾客心智之战，通过精准定位获得顾客心智的认同。凯勒认为品牌定位必须确定目标顾客、主要竞争对手、本品牌和竞争品牌的相似性、本品牌和竞争品牌的差异性。品牌定位以市场细分和目标市场选择为前提，但必须建立在本企业资源优势的基础上。作为养猪业新进入者，如果以成本为导向，既竞争不过农民，也竞争不过已成规模的大型养殖企业，因此必须寻找独特的商业模式作为新来者的竞争利器，最好的竞争就是避开竞争。壹号土猪正是运用蓝海战略，填补高端市场空白，凭借优良品种土猪繁殖技术，引领了"土猪"品类的回归，成为土猪品类的代表和消费者心目中的领先品牌。

（四）品牌内部化——品牌资产建立的保证

员工代表企业，员工就是品牌。企业的品牌精神、品牌文化需要员工体现，品牌战略需要员工执行。天地食品建立扁平化组织结构，让员工了解品牌战略规划、品牌核心价值及品牌推广计划，鼓励全员参与品牌文化建设。

（五）品牌的核心价值——以质取胜

壹号食品的企业使命是"制造优质食品，引领健康生活"。品牌核心价值可归纳为：安全、优质、健康、快乐。广告语"我很土但我很香，我很土但我很酷"，清晰地传递了其"土、香、安全、健康"的产品定位。壹号土猪从决定猪肉品质的品种、饲料、养殖方式三要素实现差异化，为其核心价值和产品定位提供支撑，强调"三土"——土猪种、土饲料、土养殖方式。

即壹号土猪是采用正宗地方猪种，使用传统的农家饲料，按照传统的饲养模式喂养而成；饲养周期长，肉质嫩滑、香甜、有胶质感，符合现代人返璞归真的食品需求。公司实行全产业链管理模式：在环境优美、无工业污染的果园或山坡地建立养殖基地，统一提供种苗、营养饲料、疫苗，委派专业技术服务团队全程监督和指导，严格执行防疫制度，保障质量安全。

（六）长远品牌规划与品牌结构——壹号餐桌

壹号食品的长远品牌规划是围绕百姓餐桌进行品类延伸，打造"壹号餐桌"品牌架构，提供优质的食品。目前已有"天地壹号"醋酸饮料、"壹号土猪"热鲜肉、"粒粒选"鲜榨花生油、"刚刚碾"大米及杂粮、"个个初"鸡蛋、"龙虎豹"酒、"乡下米"酒、"老伙计"酒等产品。2011年8月，公司推出"土猪腊肠"，填补了中高端腊肠市场空白。

五、营销策略

（一）整合营销传播

壹号食品非常注重整合营销传播，提高品牌知名度和树立鲜明的企业形象。以广告为例，除传统的电视、广播及报刊外，壹号食品还选择了移动电视、公交车身、地铁广告牌等多种新颖的媒介，传递统一的品牌定位和核心价值信息。此外，公司不断进行营销创新，如"开业凭宣传单免费赠送猪肉"和"将网络上流行的开心农场搬到现实中"的体验营销，"农贸市场派发猪肉内参"的注意力营销，"高薪招聘硕士研究生当屠夫"的事件营销，"财富案例走入高校课堂：北大才子如何变猪肉大王？"的会议营销，"创建屠夫学校"的新闻营销，"走亲戚式"的促销，"捐助汶川灾区"和"赞助高校校园石椅"的公益营销，高校宣讲会及学术交流的文化营销，赞助饮食之星俱乐部厨师点评会的口碑营销等。广东卫视高端市场、CCTV财富故事会、CCTV-7致富经等媒体访谈、专题报道等也在同时推进品牌的传播。

（二）体验营销——打开市场、培育客户忠诚度

壹号食品的体验营销主要体现在两个方面。一是通过免费赠送的方式吸引潜在顾客试用。壹号土猪以"贵价猪肉的免费午餐"打开消费者金口，并营造消费者凭借宣传单排队买猪肉的阵势，刺激从众消费。二是通过体验营销回馈关系顾客，增强关系顾客对品牌的认同感和忠诚感。壹号食品把网络上流行的"开心农场"搬到了现实中，以"壹号农庄"免费一日游奖励关系顾客。顾客在游乐过程中与员工互动交流，学习到食品安全知识，了解绿色农产品生产、加工过程，品尝农家菜，还可购买绿色农产品带回家。企业把"农庄一日游"作为与顾客沟通、交流的重要窗口，加深顾客对企业价值观、文化和生产过程的了解和认同，培育顾客忠诚度。

（三）关系营销——增加顾客资产

壹号食品非常注重关系营销和顾客资产管理：通过赠送土鸡蛋、醋饮料、腊肠等方式回馈大量购买的顾客；还建立了常客积分奖励计划，为攒够积分的顾客及家人提供"壹号农庄免费一日游"活动，鼓励顾客持续购买。2012年壹号土猪还推出"为庆祝忠实消费者超过150万派送八折卡"优惠活动，提高顾客对品牌的忠诚度。壹号土猪专卖店员工熟悉顾客的需要和偏爱，能按照顾客的期望切割猪肉；也为顾客提供烹饪知识等附加服务；还把顾客当作朋友，满足他们的社交性需要，赢得顾客的心。

六、营销组合

（一）产品策略

产品定位：壹号土猪从诞生之初就明确了做中国高端猪肉的目标，目标

人群为城市白领以及注重食品安全的人群，严格的养殖管理方法保证了壹号土猪安全可靠且肉质香甜。

产品品牌：壹号土猪作为目前市场上响当当的品牌猪肉，自上市以来便受到了广大顾客的好评。与传统猪肉商不同，壹号土猪一直遵循着品牌化策略，以提高产品的质量安全为核心，以生产安全、卫生、无公害的猪肉为目标，对猪肉实施"从产地到餐桌"的全程质量监控。

产品差异化策略：与普通肉食猪相比，壹号土猪的喂养方式是分阶段饲养，主要用番薯苗、玉米、米糠、麦皮等土饲料。壹号土猪活动空间大，运动能量消耗大，生长速度较缓慢，出栏时间在1年左右，真正实现了"三土"养殖。产地有严格的卫生消毒防疫制度，种苗、饲料、兽药均由公司提供，在饲养过程的每一生长阶段，公司都安排专业的兽医、营养师、保育员在现场进行监督和指导，确保饲养出来的壹号土猪无农残、药残、激素残留等，为壹号土猪热鲜肉提供质量可靠的原材料。壹号土猪肉香味美，营养丰富，蛋白质含量为14.2%，脂肪含量为28%，是目前市场上营养价值高、质量好的猪肉产品。

（二）价格策略

与普通猪肉的成本导向型策略不同，壹号土猪的定位是做国内高端猪肉品牌，针对的目标人群是中高收入及注重食品安全的人群，由于成本高，所以在价格上与普通猪肉相比要高。

（三）渠道策略

渠道创新——连锁店终端营销。连锁经营是壹号土猪最独特的经营模式，并且非常重视终端媒体化方面的营销创新。壹号食品把自己定位为服务企业，强调提供"安全+高品质+优质服务"，借助有形展示和优质服务塑造专业的专卖店形象。"壹号土猪"连锁店的员工专业技能高，服务态度好，给消费者留下安全和专业的品牌形象。壹号土猪独创了"口号营销"，在传递产品核心价值的同时送上温馨的祝福，如"五层花肉，层次分明，五层分清，步步高升""有肥有瘦，健康长寿"等口号，顾客买到了"优质产品＋烹饪知识＋快乐"。

壹号土猪精心设计了服务标准，可以用三个字来概括——"笑、叫、跳"，即见到客人要笑起来，体现的是服务态度；见到客人要叫起来，体现的是宣传；还要动起来，运用肢体语言，让客人感受到热情，并在集团范围内开展了专题竞赛活动，使"笑、叫、跳"成为集团的营销基础文化。

与传统猪肉养殖企业或单位不同，壹号食品土猪的经营模式为：公司＋基地＋农户＋专卖店。产供销一条龙的策略让他们在与同行的竞争中，能更好地保证自己的供应链不因人为的市场因素而断裂，同时也保证了其发展的可持续性。

（四）促销策略

酒香也怕巷子深，壹号土猪上市之初，广东壹号食品股份有限公司制定的促销方法为在市场发放传单，之后凭传单正确回答问题，即赠送二两猪肉。凭借此方法，壹号土猪的门店每天都排着长长的队伍，形成了"羊群效应"，很快壹号土猪以其肉质鲜美、卫生安全以及品牌效应打开了市场，成了市民眼中的"抢手货"，良好的口碑又为其推广添加了动力。与其他产品相比，壹号土猪并不注重在广告上做宣传，注重的是亲民。在产品进入成熟期后，开展了买猪肉兑积分，壹号土猪农家乐免费游的活动，让消费者亲身感受壹号土猪的"三土"养殖，这同时也是一种更为有力的宣传。

七、销售模式

壹号土猪的销售模式有直营专门店和加盟专门店两种模式。作为从广东走出去的国内首个有巨大影响力的猪肉品牌，其2013年不仅在广州拥有200多家档口，在珠三角地区拥有500多家档口，而且，在上海只用半年时间就猛开70多家连锁店，牢牢占据了全国土猪老大的地位。

八、SWOT 分析

壹号土猪产品 SWOT 分析如图 1 所示。

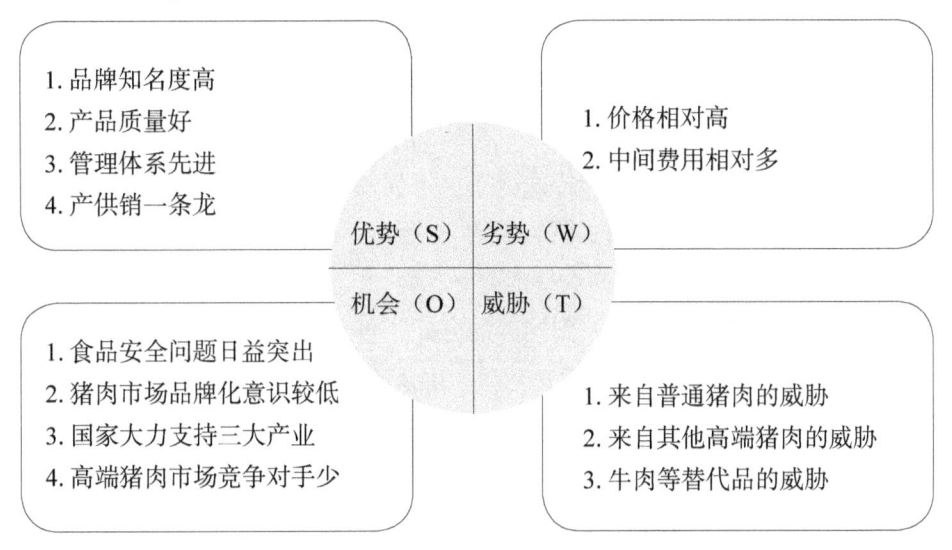

优势（S）	劣势（W）
1. 品牌知名度高 2. 产品质量好 3. 管理体系先进 4. 产供销一条龙	1. 价格相对高 2. 中间费用相对多

机会（O）	威胁（T）
1. 食品安全问题日益突出 2. 猪肉市场品牌化意识较低 3. 国家大力支持三大产业 4. 高端猪肉市场竞争对手少	1. 来自普通猪肉的威胁 2. 来自其他高端猪肉的威胁 3. 牛肉等替代品的威胁

图 1　壹号土猪产品 SWOT 分析示意图

九、运营模式

为了保证食品的安全，广东壹号食品股份有限公司采取了"公司＋基地＋农户＋专卖店"产供销一条龙的经营模式，在保证了食品安全的前提下，还形成了品牌效应，肉质鲜美、营养安全，成为品牌营销的典范。公司将壹号土猪幼崽给农户"三土"饲养，严格控制卫生消毒防疫，在饲养过程中的每一生长阶段，公司都安排专业的兽医、营养师、保育员在现场进行监督和指导，在土猪出栏后有专门的连锁店进行销售。产供销的经营模式不仅保证了食品的品质安全，还保证了供应链不会因为行业竞争而出现断裂。连锁经营与专业化的切割与配送，更是壹号土猪成功不可或缺的特点。对肉的切割由专业的切割师来操作，切割的方式不同，利润相差很大，然后由配送人员送到各档口销售。

十、案例总结

壹号土猪的成功是品牌化营销成功的经典案例。中国是猪肉消费大国，猪肉是大多数家庭主要食用的肉类，这就表明了猪肉市场是一个十分有"钱景"的市场，但猪肉市场的品牌化很低，也正因为这个原因，壹号土猪横空出世。在中国，大多数猪肉都是饲料猪肉，肉质较差，食品安全在一定程度上得不到保障。因此，壹号土猪细分猪肉市场，将壹号土猪定位为高端猪肉，目标人群为白领或注重食品安全的人群，而在这个细分市场上，几乎没有竞争对手。壹号土猪的目标：打造中国高端猪肉第一品牌。

壹号土猪从猪种的选择，到饲养的方式，再到终端的销售，每个环节都有严格的要求。其保证了食品的安全与品质，保证了产品的品牌化。

管理先进的运营模式："公司—基地—专业户—连锁店"，既保证了壹号土猪的食品安全以及肉品质量，同时也保证了壹号土猪产业链的安全性，是市场细分与品牌战略成功的典型代表。

案例二
双汇

一、企业背景

双汇集团成立于 1958 年 7 月，总部位于河南省漯河市，是以肉类加工为主的大型食品集团，在全国 18 个省市建设了加工基地。集团旗下子公司涵盖：肉制品加工、生物工程、化工包装、物流、养殖、药业、软件等业务。双汇集团总资产约 200 多亿元，员工 65 000 人，是中国最大的肉类加工基地。双汇集团母公司万洲国际在 2017 年中国企业 500 强排名中列 50 位；2017 年中国最有价值品牌评价中，双汇品牌价值 606.41 亿元，排名第 68 位。

二、产品介绍

双汇产品主要分为三种：高温肉制品、中低温肉制品、生鲜调理制品。具体分为：双汇冷鲜肉、双汇王中王、Q 趣、泡椒肠、泡面拍档、韩式烧烤、熏烤火腿、台湾烤香肠、午餐肉罐头、精火腿罐头等。其中加盟连锁店的冷鲜肉产品出售方式是先将产品分割再进行销售。

三、产业链与运行模式

（一）双汇集团全产业链

双汇集团全产业链如图 1 所示。

图 1 双汇集团全产业链示意图

（二）饲料加工

双汇集团在漯河市双汇工业园内，总投资5700万元，从意大利引进具有国际先进水平的自动化饲料生产线；采用日本、韩国、丹麦配方技术，年产预混料、浓缩料、全价料等饲料15万吨。其中，乳猪、保育猪、育肥猪、母猪等阶段的8个饲料品种通过"出口食用动物饲用饲料生产企业登记备案"资格，生产的"旺师傅"牌饲料除自己农场使用外，已覆盖河南省各县市及周边省市。

（三）养殖

双汇集团养殖事业部下辖7个规模化养殖场（河南万东牧业有限公司3个、叶县双汇牧业有限公司3个、漯河双汇牧业有限公司1个）、1个配套年产15万吨的饲料厂和1个饲料养殖研究中心。以出口生猪为主，年出栏生猪33万头。（官方网站2013年数据）

河南万东牧业有限公司是河南双汇投资发展股份有限公司与外资合资兴建的一家大型现代化养殖企业，主要从事种猪的繁育。2004年6月，公司一次性从丹麦引进大约克、长白、杜洛克曾祖代种猪576头，具有目前国内设备最为先进、技术力量最为雄厚、投资规模最大、生产能力最强的大型种猪繁育场。公司育种技术由日本颇负盛名的育种专家中野先生负责。（官方网站2013年数据）

叶县双汇牧业有限公司是双汇集团在平顶山叶县投资建设的20万头生态环保生猪养殖基地项目。目前存栏母猪10 000头，年出栏商品猪200 000头，该项目包含1个万头母猪生产基地、1个150 000头育肥厂基地和1个50 000头育肥厂基地。（官方网站2013年数据）

漯河双汇牧业有限公司位于漯河市召陵区，设备全部由国外引进，并一次性从丹麦SPF核心场引进长白、大白、杜洛克种猪313头，创国内近几年引进之最。公司由具有20余年育种经验的韩国九施集团的专家负责育种工作，确保每头出栏种猪的品质。（官方网站2013年数据）

（四）屠宰分割

2000年双汇集团率先从欧洲引进国内第一条冷鲜肉生产线，并且把冷链生产、冷链运输、冷链销售、商业连锁的模式引入中国；生猪屠宰及冷分割生产线实现了生产过程中的全预冷、精细分割和规模化生产。与传统的屠宰加工相比，双汇屠宰分割具有以下几个显著的特点。

（1）建设规模大，设计标准高；

（2）工艺先进，技术设备达到国际标准；

（3）管理标准化、规范化；

（4）检测系统完善，仪器设备先进；

（5）实现计算机管理和自动化控制；

（6）双汇集团生产的冷鲜肉和现代化的屠宰加工基地的建设，是国内领先技术的代表，引领了中国屠宰行业发展方向。

双汇屠宰加工基地规划：围绕沈阳开发东北地区、围绕北京开发京津唐地区、围绕河南开发中部地区、围绕上海开发长江三角洲、围绕广东开发珠江三角洲、围绕重庆开发西南地区六大发展战略。目前，双汇集团在全国建有宝泉岭、望奎、阜新、唐山、郑州、漯河、济源、德州、武汉、宜昌、淮安、金华、南昌、绵阳、清远等15个现代化屠宰基地，年生猪屠宰能力达3 000万头。（官方网站2013年数据）

（五）肉制品加工

双汇集团共有13个高温加工厂，可生产出800多个品种规格的产品。关键设备性能位于同行业领先水平，关键质量控制点采用微机监控。人员进入车间前采用五步消毒法：必须先淋浴；进行二次更衣；到车间走廊进行洗手消毒；进入车间再次进行风淋消毒；最后脚踏消毒池再进入生产现场。原材料批批检验把关后方能投入生产使用，成品批批检测后方可发货，以确保产品质量安全放心。（官方网站2013年数据）

双汇集团低温无菌生产车间的布局合理、设计先进、流程顺畅，与其他工序严格分开。车间全年温度控制在15℃以下，空气气压高于其他工序气压，避免空气交叉污染。操作人员每小时用酒精喷洒消毒一次，每2小时彻底清洗消毒一次，保证产品不受污染。包装环节全部引进德国进口CFS和莫缔维克包装设备进行真空包装。同时日期打印采用的是先进的在线喷码机打印，确保日期清晰。产品全部经过金属探测仪进行金属检测，确保食品安全。

（六）化工包装

化工包装事业部是双汇集团六大事业部之一，是集团下属的包装材料设计、研发和生产基地。包装涉及化工合成、塑料加工、纸品加工、印刷、复合等行业。产品除满足双汇集团自身需要之外，还远销越南、印度尼西亚等多个国家和地区。

化工包装事业部是全球最大的高阻隔软包装材料——PVDC的生产、研发基地，拥有具备世界一流技术水平的进口设备200多台套。产品包括高阻隔PVDC树脂、PVDC肠衣膜、PVDC拉伸膜、PVDC复合基材膜、PVDC保鲜膜、PA多层共挤热收缩膜（筒状）、普通塑料复合膜、纸箱、铝线等共九大系列、1000多个品种，拥有国家级检测中心和五个专业检测室，所用原辅材料均符合FDA或QS认证。（官方网站2013年数据）

（七）物流配送

双汇物流是双汇集团旗下的全资公司，成立于2003年，注册资金7 000万元，总部位于河南省漯河市。公司主要负责双汇集团在全国各地物流项目的投资、发展决策、网络建设，是国内最大的专业化公路冷藏物流公司之一。

双汇物流拥有冷库、常温库、配送库，容量大；铁路专用线7条，分布在全国各地。公司自有各种冷藏运输车辆1 500余台，常温运输车辆150多台，总运能15 000吨以上。双汇物流具有规模化的冷藏货物储存、分拣、加工、包装及10~90立方米车型的调控能力。（官方网站2013年数据）

经过多年的快速发展，双汇物流成功实现了由企业物流向第三方物流企业的转变。公司利用自身网络优势为客户提供了门到门、点到点的运输、分销和配送服务。并与国内外知名的肉类、乳品、冷饮、快餐、商业连锁、医药、果蔬、花卉等企业建立了良好的长期战略合作关系。

（八）商业连锁

双汇连锁商业主要经营双汇冷鲜肉、双汇肉制品、双汇调味料、生鲜、冷冻食品、粮油等与百姓生活密切相关的"肉、蛋、奶、菜、粮"等。还开展了政府十大民心工程"双汇早餐"以及相应的主餐加工、配送、销售等业务。公司依托双汇集团的先进技术、品牌、资金、人才优势，率先建立以销售冷鲜肉为主的双汇连锁店。利用先进的软件系统，现代化的冷藏物流配送中心，采用"冷链生产、冷链运输、冷链销售、连锁经营"的营销模式，把双汇集团生产厂产出的双汇生鲜肉、高低温肉制品运送到国内所有双汇连锁店，为消费者提供安全、营养、放心的食品。

四、销售模式

双汇集团的销售模式有三种：直营连锁店、加盟连锁店和连锁超市。下面重点介绍加盟连锁店的情况，如表1所示。

加盟建店的流程：建店申请→考察认证→签订协议→操作培训→门店装饰装修→办理证件→开业筹备→验收授牌→开业。

表1 双汇集团加盟建店情况表

	加盟建店的资质 （对于加盟者）	加盟建店的资质 （对于双汇集团）
①	自寻房屋，面积要求10~50平方米	双汇是中国500强企业，是中国肉类加工龙头企业
②	自有资金不低于2万元	免加盟费、配送费、管理费和培训费
③	加盟者无传染性疾病	统一形象、统一管理、统一配送、统一培训、统一价格
④	加盟者自办证件，能协调当地关系	遵从加盟自愿、退出自由的原则，对于加盟商退出，没有任何限制条件

加盟建店之后，总部给予一定的支持，保证店铺的正常运营，跟上总体的发展步伐。如，对新店进行经营补贴，期限2年；公司免费提供服装和开业宣传活动；公司统一安排装修，承担部分装修费；公司专职人员定期回访，跟踪指导加盟商经营。

五、环境分析

（一）双汇的外部环境分析（PEST分析）

政治环境。近年来，国家政策环境对农牧业发展较为有利。为解决肉类工业的原料供应问题，国家在发展农牧业方面采取了一系列政策措施。主要包括：继续实施动物防疫补贴政策；继续扶持畜禽标准化规模养殖；扶持猪、牛、羊等主要牲畜的生物育种；促进品种改良等。多种专项措施，为保障肉类工业的原料供应创造了有利的政策环境。在"瘦肉精"事件发生后，国家监管部门深入开展食品安全专项整治，大力整顿肉类加工企业，全面清理生产过程中使用非法添加物和滥用食品添加剂行为，加快建立健全产品召回及退市制度。企业借此机会，提高了管理水平，规范了生产经营。

经济环境。最近几年，受供求关系、材料价格、人工费用等因素的影响，肉类价格波动较大。如今，中国已成为世界第二经济大国。中国政府的宏观调控控制着市场的通货膨胀率，保障了稳定、巨大的消费市场。伴随着国民经济的发展，人均可支配收入的增加，社会购买力也随之增强，肉类消费需求正处在稳步增长阶段，特别是农村的肉类消费市场，还有较大的增长空间。

技术环境。双汇集团坚持"汇集世界高科技，汇集世界新工艺"的指导思想，先后投资40多亿元，从美国、日本、德国、荷兰等国引进国外先进技术和设备4 000多台。在漯河通过双汇食品城，形成了屠宰、肉制品加工、物流、冷藏以及相关配套的化工包装、彩色印刷、能源供应等功能齐全的现代化的工业园区。我国肉类加工从长期依赖进口转变为基本实现自主化生产并成套出口，为肉类工业的结构调整和发展方式转变创造了必要的技术基础。

社会文化环境。我国是一个肉类消费大国，具有生产和消费肉类的悠久历史和传统。一方面，中国人的肉类消费讲究原汁原味，鲜食、馅食比重大，区域特色强，已形成独特的肉类消费文化。肉类消费本质上就是追求营养，但中国人比较注重口味，南淡北咸，东甜西酸，肉类消费的区域性差别比较大，标准化生产有难度。当然，随着人口流动，口味也随之在调适，中餐的复杂工艺也处在继承和改进之中。进入新世纪以来，人们更注重营养健康，讲究荤素搭配。中华民族历来是一个讲求信用的文明之邦，社会信用体系的建立，对于肉制品的安全起到积极的保护作用。

（二）内部资源与内部环境分析（SWOT 分析）

内部资源与环境分析如图 2 所示。

优势（S）	劣势（W）
1. 严格的产品质量安全体系 2. 品牌优势 3. 现代化的物流配送体系 4. 始终坚持自主创新	1. 有竞争力的产品线较少 2. 销售渠道开拓较慢 3. 商业流通存在自身的劣势 4. 产业链过长带来不少挑战
机会（O）	**威胁（T）**
1. 生活水平的提高，市场需求的增加 2. 抗风险能力大	1. 地方保护主义 2. 竞争对手的进攻

图 2　内部资源与环境分析示意图

1. 优势分析

严格的产品质量和安全体系。双汇集团拥有先进的生产和检测设备，始终把安全和质量放在第一位，无论是饲料的生产、牲畜的养殖、牲畜的宰杀和分割、肉制品的制作，还是到各大卖场，都有严格的检测检疫保障产品质量安全。

企业的品牌优势。双汇品牌在全国范围内具有一定的知名度和美誉度，这对于双汇相关产品的营销和市场的开拓有着积极的影响。根据官网2017年的数据，双汇投资发展股份有限公司以品牌价值606.41亿元排中国品牌价值500强第68位，可以说一个好的品牌是一个企业的无形资产。

现代化的物流配送体系。随着双汇集团的不断发展壮大，双汇集团认识到了现代化物流的重要性。在企业中设置了物流部，并且与全国的物流系统相连接，这样既能及时掌握需求的动向，也进一步降低了运输成本。

始终坚持自主创新。食品行业竞争激烈，在肉制品行业里，双汇不是一枝独秀，而是具有不可小觑的竞争对手，如雨润、金锣等。这就要求双汇的产品做到不断创新，进行产品延伸，进一步赢得顾客信赖，扩大自己的知名度和市场占有率。

2. 劣势分析

有竞争力的产品线较少。在高温肉制品的产品线上，双汇和雨润等有竞争力的企业相比，有竞争力的火腿产品线相对比较少，阻碍了双汇的进一步发展。

销售渠道开拓较慢。与竞争对手雨润进行比较，雨润有投资少、店面小、加盟方式灵活的特点。与雨润相比，双汇的加盟门槛较高。

商业流通存在自身的劣势。由于双汇的销售主要是以直营店、加盟店和合资店为主，因此，随着加盟店的不断增加，在沟通与交换方面也必然会产生信息的不对称，不能了解市场的需求。另外，在资金的回收方面，若加盟店经营不佳，导致破产，将很难回收投资，甚至会出现入不敷出的状况。

产业链过长带来不少挑战。肉制品加工行业产业链过长，市场容量过大。加工环节包括养殖、屠宰、初加工、深加工、高温制品、低温制品、冷冻制品等。单纯一个企业不大可能实现对每个环节的完美控制，每个环节中都有可能会冒出挑战者或者是出现差错。"瘦肉精"事件就是养殖环节出现了问题，严重影响了公司的声誉。

3. 机会分析

随着生活水平的提高，市场需求的扩大，人们不再满足于温饱，而是更加关注自己的生活质量。在这样的社会大背景下，双汇紧紧抓住机会，引进先进生产设备，以"创新世纪美食"为理念，不断满足消费者需求。

抗风险能力大。国内的原料肉、肠衣、大豆蛋白等生产原辅料控制，使企业处于优势地位，抗风险能力大大高于竞争对手。

4. 挑战分析

地方保护主义。地方保护主义的存在，使双汇的肉制品在一些地方遭到封锁，严重影响了双汇的发展规模。

竞争对手的进攻。雨润、金锣等企业的发展，对双汇构成了一定的威胁。他们在市场价格和销售渠道上，一度超过了双汇。但双汇不是采取打价格战的方式，而是从尽量满足顾客需求。从创造需求出发，摆脱劣势局面，使双汇立于不败之地。

六、营销战略

（一）市场细分

近年，农产品等原材料价格的大幅上涨，导致食品饮料企业的利润大幅下降，特别是肉制品企业受到的冲击最大，大量中小企业濒临倒闭。食品饮料行业掀起了一场进军高端市场的浪潮。生鲜肉的销售出现了沿街串巷、设摊摆点的现象，如今这种销售模式仍广泛存在（尤其是在中小城市），使卫生检疫部门很难对其进行监管，为注水肉、病死肉、变质肉进入市场提供了便利。

消费市场按照生活方式来划分有以下几种。

学生式：学生大多都比较随意，喜欢便携式的就餐方式，他们喜欢尝试新鲜口味，热衷于平价的消费。

白领式：白领大多注重时尚的生活，他们也喜欢尝试新鲜的口味，并且生活节奏较快，由于工作繁忙导致饮食不规律，他们会缩短自己的用餐时间，因此便捷食品对于他们的吸引力很强，高温肉制品受青睐，低温肉制品购买能力较强，冷鲜肉的购买力一般。

无业式：这一类人群时常关注市场上产品的更迭变化，为家人选取最适合他们的食品，由于在家做饭，高温肉制品和低温肉制品的购买力差，冷鲜肉的购买力强；另外，还有一些宅在家里的年轻人，他们喜欢把火腿肠、方便面等可储存的速食品放在家里，高温肉制品和低温肉制品的购买能力强，冷鲜肉的购买能力差。

（二）选定目标市场

中国是一个庞大的消费品市场，各区域消费者对肉类的需求呈现出非常大的差异性，单一品牌和单一口味的产品断然无法满足全国市场消费者的需求。

根据双汇冷鲜肉的品质，经营成本和商业连锁业激烈竞争的现状，以及我国现在的经济发展水平和居民消费水平，要想使双汇冷鲜肉大规模进入寻常百姓家是不现实的。因而双汇冷鲜肉锁定的消费群体是以中高收入阶层为主，兼顾其他阶层的消费需求，如核心市场选定在北京、上海、四川绵阳、辽宁阜新等地，特别突出双汇冷鲜肉是经过十八道检验工序，是安全、健康、卫生、新鲜的健康食品，以锁定消费市场。

（三）市场定位

由于现在供大于求的市场局面，产品的同质化越来越严重，可替代商品越来越多。商业信息的广泛性使选择面拓宽,所以要想在众多产品中脱颖而出,必须有自身的特色。双汇冷鲜肉的特色定位是:安全、健康、卫生、新鲜。

七、市场策略

(一)产品策略

双汇力争引导消费习惯和消费潮流。双汇紧紧围绕顾客的消费需求,争取在消费者心中形成"买安全、健康、新鲜的食品到双汇,买厨房消费产品到双汇"的信念。在物价不断上涨的形势下,加大非猪生鲜产品的销售比重,如鸡鸭产品和牛羊产品,特别是前者不论价格和品质都具有较大优势,从而化解涨价给门店带来的影响。

(二)价格策略

双汇店大部分在社区和集贸市场附近,来双汇店的顾客大部分是附近的居民,而且以家庭妇女和老年人为主,具有一定的稳定性。他们很关注性价比,因此应当适当降低价格,目的是吸引消费者。旅游景区、娱乐场所附近的双汇店应当适当提高价格。

(三)渠道策略

双汇的销售模式主要是直营连锁店、加盟连锁店和连锁超市三种,在国内已形成庞大的销售网络体系。双汇全力加大现代零售终端的运作,以强大的整体规模和品牌优势、大量的自建专卖店和经销商加盟店形式,进一步提高其低温肉制品的市场覆盖率。

(四)促销策略

广告推广:双汇广告注重市场覆盖度和受众,是最为传统和非常有效的推广手段。因此，广告常年投放，较好地促进了销售。

公共关系：作为隐形促销推广方式，公关营销时常取得远超预期的成效。对公关工具，双汇集团有妥善的运用。

直接营销：双汇集团拥有庞大的零售网络、众多直营店、加盟店和连锁超市柜台，拥有得天独厚的面对面推销优势。

八、总结归纳

双汇集团从1958年成立至今，虽然历经曲折，但从发展的历程来看，双汇总体一直在走上坡路。数据表明：2017年，中国最有价值品牌评价中，双汇品牌价值606.41亿元，在中国企业500强排名中列68位。双汇的成功案例给我们带来了以下的经验和启示。

（一）连锁经营，通畅物流渠道

双汇集团用现代物流和连锁商业，改造传统落后的"沿街串巷、设摊卖肉"肉类销售模式，在河南省以及省外建设双汇肉类连锁店，并率先引进欧美发达国家的"冷链生产、冷链配送、冷链销售、连锁经营"的营销模式。在冷鲜肉销售上，公司有意识地在特约店方面进行大规模扩张。当时公司拥有10000多家特约店，销售了大部分的冷鲜肉。特约店的建设使公司产品品牌和质量有了保证，为产品的稳定发展奠定了基础。近年来，为了扩大销售，公司建设了肉类连锁店，实施品牌肉连锁经营，使冷鲜肉进入全国数百家大型超市。同时公司正加大直销渠道建设，包括加大对商超直销力度。

（二）技术引进，强化品牌创新

多年来，双汇发展始终把技术和产品创新作为推动企业发展、保持企业核心竞争力的重要手段；把创造适应市场消费的产品作为义不容辞的责任；把营养、安全、方便、卫生的饮食文化注入双汇产品当中去，不断创新产品，引导消费。双汇集团于数年前即成立了国家级技术中心和博士后工作站，聘用了一批博士以及美国、意大利等国的肉食专家为技术中心的高级顾问。从白条肉发展到冷鲜肉，从中式火腿肠到西式火腿的研发，通过产品的不断创新，满足消费者个性化的需求。

（三）规模化生产，走国际化道路

中国是个肉类生产大国，也是肉类消费大国，每年出栏生猪5.6亿头，资源和市场两大优势为双汇发展提供了有利的条件。公司顺应市场需求确立围绕"农"字做文章，把肉类产业做大、做强、做久，并力争使公司成为中国最大、国际领先的肉类供应商。

（四）采用全产业链运营模式

双汇采用饲料加工、养殖、屠宰分割、肉制品加工、化工包装、物流配送、商业连锁的全产业链运营模式。公司在确保产品供应安全的同时，保障了产品品质，保障了物流配送的及时与安全，确保了企业迅速渗透市场，最终做强做大了双汇集团。

案例三

长春皓月

一、企业背景

吉林省长春皓月清真肉业股份有限公司是以肉牛系列精深加工为主营、相关多元化发展为一体的国家级现代农业产业化重点龙头企业。

该公司始建于1998年8月,2000年1月正式投产,并先后组建了皓德公司、牡丹江皓月公司、大庆皓月公司、中原皓月公司。目前,该公司年产达到屠宰肉牛100万头、羊200万只、熟食制品10万吨、饲料加工60万吨、生化制品1200吨,皮革加工50万标张(中国畜牧业,2013)的产能。截至2012年营销公司共计开发成立178家专卖店,其中长春分公司辖内105家专卖店,吉林(市)办事处辖内17家专卖店,哈尔滨分公司辖内7家专卖店,牡丹江办事处辖内16家专卖店,沈阳分公司辖内30家专卖店,大连分公司辖内3家专卖店。专卖店具体分布及月均单店销售情况见2012年专卖店数量分布及月均单店销售额(朱光博,2012),如表1所示。

表1 2012年专卖店数量分布及月均单店销售额

区域	专卖店数量(家)	月均单店销售额(万元)
沈阳	30	6.2
大连	3	6.2
哈尔滨	7	5.3
长春	105	4.3
牡丹江	16	2.3
吉林	17	0.9
合计	178	4.2

在做精、做强、做大肉牛屠宰加工主业的同时,该公司充分发挥国家政策优势、吉林地域资源优势和清真特色优势,确定了建设循环经济的发展模式,形成了畜牧养殖业、饲料加工业、食品加工业、生化制品业、制革业、有机肥加工业六大主导产业。企业现已成为国内唯一一家集"国际知名品牌""中国驰名商标""中国品牌""最具市场竞争力品牌""清真第一品牌"及"中国

品牌农产品"于一身的牛肉制品企业。品种方面,沃金黑牛是皓月公司引进世界顶级肉牛种源繁育而成的牛种。严格的饲养及全程安全质量追溯体系,造就了其肉品黄金比例的脂肪分配。食品加工方面,以精选冷却排酸牛肉为原料,开发了中西式熟食制品200多种。产品采取直销加经销的营销模式运作市场。营销网络以东三省为基础辐射华北地区及重点的回民集中区域。

该公司以高起点、高标准、国际化为原则,按照国际高标准制定了生产加工的9项卫生操作程序、6道检疫检验关和21个卫生控制点,就连空气都要经过严格消毒。牛肉在生产过程中,经过48小时0~4℃的冷却排酸,肉品及纤维更加柔嫩、好熟易烂,易于人体消化吸收,这就是皓月清真牛肉的真正精髓之所在。目前,皓月牛肉产品已出口到23个国家和地区,连续8年占全国出口量50%,成为我国最大的牛肉产品生产加工及出口基地。

产品按欧盟卫生标准加工,具有鲜明的清真特色。生产过程通过"过腹还田"促进秸秆的合理利用和粮食转化增值。皓月项目的建成投产及其健康运行,对全省农民的增收致富和农业提质增效具有重大意义,和农民签订合约,建立饲养基地,和农民结成较稳固的利益共同体。项目同时为市郊农民和城市下岗职工提供了就业岗位,并带动相关产业发展。

二、产品介绍

品种方面,沃金黑牛是皓月公司引进世界顶级肉牛种源繁育而成的牛种,严格的饲养及全程安全质量追溯体系,造就了其肉品黄金比例的脂肪分配。皓月公司的建设是按照世界一流、亚洲最大的清真肉类及其制品生产和流通基地的规模筹划和建设的。全套引进德国、西班牙、意大利等11个国家的先进设备与工艺。在国际、国内市场上都享有很高的知名度,牛肉出口量已占全国的一半,现已成为国内最大的牛肉出口加工基地。

皓月公司的迅速发展,充分展示了吉林省农业产业化的成果,为吉林农业走出国门、走向世界做出了重要的贡献。皓月公司由弱到强,现已成为首批国家级农业产业化重点龙头企业，国家级"守合同、重信誉"企业，国家级星火外向型企业，十五期间吉林省"百亿工程"和中国肉类企业二十强之一，并成为国内最大的肉牛出口加工基地。公司顺利通过了ISO9001：2000版国际质量体系认证，通过了HACCP国际食品安全体系认证，通过了国家绿色食品认证。（中国畜牧业，2013）

三、长春皓月的策略

（一）长春皓月的销售渠道

在集团内部，专卖店渠道通称"千专百店"渠道。千专百店是皓月集团的连锁零售型销售网络，即通过经销商的连锁加盟，在指定区域内开设统一形象、统一标准、统一供货、统一管理的专卖店。当时在国内同行业没有非常成功的经验可以借鉴和模仿。皓月集团可以说是首创了这种专卖店渠道模式，即低毛利连锁模式、经销+专卖+配送模式。"千专百店"模式的运作在皓月集团营销模式创新上增添了浓重的一笔，不但成功建立了低利润模式下的专卖店网络（渠道），并且使该渠道宽度、密度和销售额快速增加。"千专百店"成为公司一个重要的品牌渠道，成为公司与竞争对手展开竞争的差异渠道，成为品牌的扩散源和口碑。

长春皓月的主要销售渠道是自营专卖店。自营专卖店渠道改进的基本原则是：皓月公司为实施差异化战略，形成新的核心竞争优势，建立集品牌塑造、产品展示、现场加工、终端零售、物配集成为一体的多功能品牌渠道终端，分别从门店位置与面积上和经营模式上加以区分。并进一步提出了运营原则，即差异化竞争原则、特色化运营原则和精准消费者原则。在服务环节提出了精致服务、CC美味堂服务等。

营销公司独立设有直营专卖店渠道部门，由直营渠道总监全权运营操作。根据渠道改进需要，在直营专卖店渠道部门下设有两个部门，一个是直营运营部，负责直营店的渠道建设与管理工作；一个是管理部，负责整个渠道的内部管理，VI 设计与实施及加盟店的开发与运营管理。直营运营部设有部长，统一管理各地直营专卖店的运营工作。各省设有运营部经理，分别管理省内各直营专卖店的运营工作。每个直营专卖店分别设有店长、导购员、收银员等。他们各司其职，操作直营专卖店的具体业务工作。同时，在其部长下设有运营拓展部经理及业务员，负责在市场终端建立直营专卖店的具体业务工作。直营管理部设有部长，统一开展渠道管理、品牌形象以及加盟店拓展与管理的工作。各个业务专口设有综合管理员、企划部长以及加盟项目经理来开展相应业务工作。企划部长下设 VI 专员，目前操作前期的品牌形象工作。加盟项目经理下设有业务员来开展市场拓展工作，加盟店长来开展加盟店的监督管理。渠道部门组织结构如下图 1 所示。

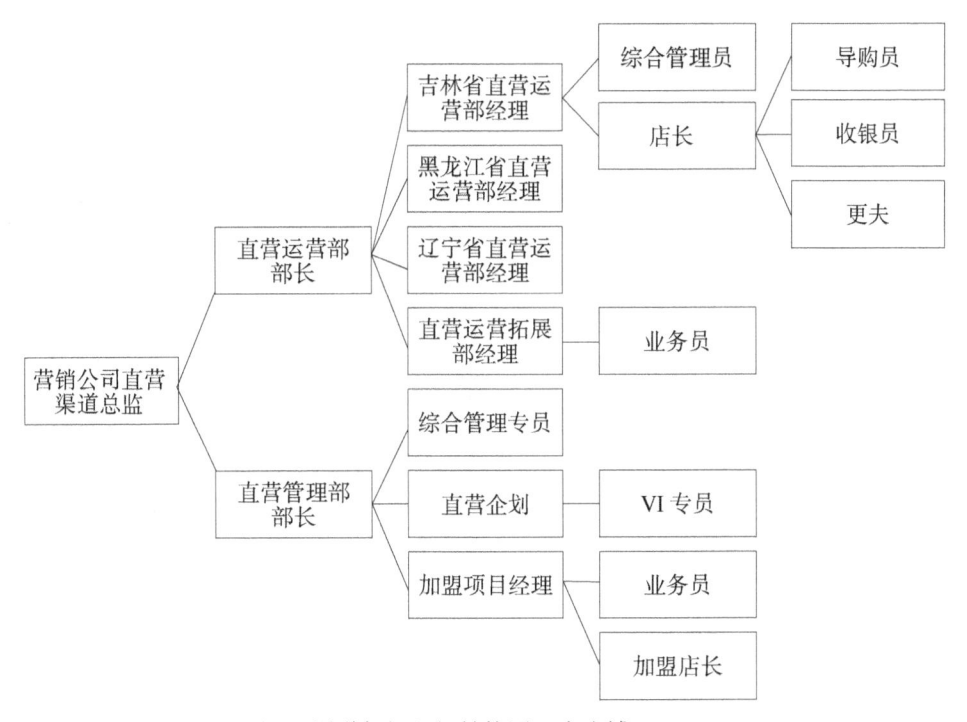

图 1　渠道部门组织结构图（朱光博，2012）

（二）渠道长度分类

渠道级别和销售渠道结构如表 2 所示。

表 2 　渠道级别和销售渠道结构

渠道级别	销售渠道结构
0 级销售渠道	生产者→消费者
1 级销售渠道	生产者→零售者→消费者
2 级销售渠道	生产者→批发商→零售者→消费者
3 级销售渠道	生产者→代理商→批发商→零售者→消费者
	生产者→批发商→中间商→零售者→消费者

（三）直营专卖店终端产品组合

直营专卖店终端产品组合如图 2 所示。

产品结构
- 生鲜制品：
  - 鲜品：现场分割肉、冰鲜肉
  - 冻品：肥牛、肥羊、牛副产品、部位肉、分割附带
- 熟食产品：高温熟食、中温熟食、低温熟食、速冻熟食、散货熟食
- 生化产品：蛋白质粉
- 辅助商品：辅助销售的外购商品

图 2 　产品结构示意图

（四）产品的定价

直营专卖店渠道开始转型改进阶段，这一渠道战略变化对集团公司至关重要，定价原则首要以"生存"为目标，致力于向"质量领导地位"的定价目标努力。根据总成本和平均成本，测定成本价格，并以此制定"经销商出厂价格"（后称为经销商价格）。直营专卖店以"经销商价格×120%+运费"

为标准零售价格，各直营专卖店可以根据市场具体竞争情况进行3%幅度调整。加盟特许经营店的价格同直营专卖店策略一致。这样的定价，使直营专卖店价格在经销商价格与商超终端价格之间，略低于商超终端价格，有利于直营专卖店的市场定位，和在与集团公司其他终端销售渠道的市场竞争中保持优势，而且不会引起其他终端销售渠道，如商超渠道、原有专卖店的强烈市场反应和排斥。

（五）渠道商品管理

终端商品的陈列需要遵循以下几条原则。

（1）主题突出原则：对季节性、节日性的新商品、促销品、特价的商品陈列要醒目显著。

（2）整齐清洁原则：货架整洁、货品整洁。商品的摆放整齐笔直、外观干净。

（3）先进先出原则：坚持先进先出。对一些保质期要求严的商品尤其加以注意。

（4）同类集中原则：同类商品摆放在一起，牛、羊肉制品应分开摆放。

（5）丰富丰满原则：保持展柜商品量充足，出现空档应立即补充。

（6）一品一签原则：陈列的货品标价正确，每个商品都有标价。

（六）会员管理

为了更好地掌握消费群体的动态，建立起与消费者联系的有力纽带，直营专卖店采用会员管理模式，通过会员卡的推广与管理稳定皓月消费客户，拓展市场占有率。企业对会员卡的实施进行方案设计。会员卡分为 VIP 储金卡（会员卡）、贵宾卡（代金卡）和管理卡（折扣卡）。其中 VIP 储金卡（会员卡）主要针对一般消费者发放，由指定品牌旗舰店办理，可参与积分换购、购买会员商品、储存增值等活动；贵宾卡（代金卡）主要针对节日福利客户及忠诚消费者发放，由指定品牌旗舰店办理，与会员卡同时使用，可参与积分优惠等活动；管理卡（折扣卡）用于日常管理使用，针对团购、餐饮、批发、终端等客户，享受相应折扣优惠，不参与积分。

四、长春皓月 SWOT 分析

（一）优势分析

产品：长春皓月产品规模、数量大，产量比科尔沁、北大荒等竞争对手总和还多；按国际化标准对产品的质量控制严格，产品工艺标准高；按差异化的策略较对手先行，包装、精细加工等方面走品牌道路。

市场：长春皓月国际出口量连续 8 年占全国出口总量的 1/2 以上；与所有国际大型超市均有合作。国内市场直营网络覆盖面积广，覆盖东北区、华北区、华东区、华南区；全渠道类型的全品项销售；战略级客户的支撑明显；注重终端市场的控制。这些举措，使皓月不断发展壮大。

品牌：在同行业当中，皓月品牌国际地位突出；在国内市场，属于肉牛第一品牌，特别在东北品牌强势地位突出；品牌拥有多项殊荣，品牌地位较高；清真品牌特色突出。

团队：长春皓月拥有善于组织、执行力强的团队领导；营销团队经验丰富，执行力比较强；基础管理制度比较完善；实行计划管理，实行精准化管理，强化过程控制；注重人员培训、绩效考核，实行优胜劣汰的管理办法。

（二）劣势分析

产品：长春皓月产品生产成本高、销售价格高于市场平均价格，缺乏竞争力；产品质量虽然居同行业较高水平，但在质量控制上还有很多漏洞、不稳定；新品研发滞后于市场需求、推进缓慢；目前属于中档产品，在高档牛肉产品系列中缺乏竞争力。

市场：销售区域范围广，营销费用成本高；在竞争对手的目标市场中市场运作投入不够，市场占有率不高，例如北京、上海等；经销商数量少，缺乏迅速做大市场的基础；审批流程烦琐、一线授权不够，市场应变缓慢。

品牌：体现不出全国第一强势品牌的气势，品牌宣传投入不够，特别是在华北区、华东区以及华南地区。

团队：由于基础建设前期欠账较多，致使个别区域基础管理薄弱；体制创新不够，没有充分发挥团队活力；由于一线人员流动性较大，专业化水平不稳定，后续骨干不足；个别区域领导能力较弱，影响市场拓展；营销人员本土化结合不够。

（三）机会分析

人民生活水平的提高，带来牛肉消费市场增长。中国传统肉食以猪肉、鸡肉为主，由于牛肉价格较高，人均牛肉消费量较低。随着我国人民生活水平的提高，人民对于肉类的消费也有所升级，营养结构有所改善。在未来，牛肉消费量的提升将有很大的空间。膳食结构更趋合理，牛肉的替代作用日趋显著。目前，人民的饮食观念、膳食结构正向价值高、营养丰富等方向发展。从食用的营养性角度看，牛肉所含的不饱和脂肪酸较高，具有高蛋白、低脂肪、营养丰富且味道鲜美等特点，更符合人们注重合理饮食结构的趋势。因此在未来，牛肉有望取代国内猪肉、鸡肉等传统肉类消费的部分市场份额。行业进一步规范将使牛源更加充足，促进牛肉行业发展和消费。国家对肉牛养殖的一系列政策扶持，将从源头上保证牛源充足，改善牛肉品质和口感，从而使更健康更安全的牛肉产品获得消费者认可。中国的牛肉消费水平在未来 5 年内，将迈上一个更高的台阶。

（四）威胁分析

1. 牛肉品质较低、产品结构不合理

我国肉牛从品种资源、生产性能到饲养方式等与世界发达国家相比，都

有较大差距。我国现有用于生产牛肉的优良品种资源较为匮乏，饲养方式以农民分散经营为主，以中小型育肥场集中育肥为辅，缺乏科学的规模管理，易形成育肥期长、育肥效率低、疫病时起时伏、牛肉中农药激素等残留含量时有超标等不良问题。这从而使中国牛肉品质较低，不符合许多发达国家的出口标准。

2. 产品品种单一

我国牛肉食品行业由于以初级加工为主，产品市场细分不够，导致无法满足消费者偏好，牛肉出口品质也会受到影响。

3. 牛源供应不足、私宰现象泛滥

近年来，全国肉牛养殖都呈萎缩趋势，市场上牛源不足。这不仅使农民养殖环节的利润受到挤压，也使肉牛屠宰加工企业面临发展的窘境。

4. 卫生标准难以达标

在牛肉初级加工的过程中，个体屠宰的比重较大，即使是大型肉联厂也很少能达到国际卫生标准的要求，缺少完整的冷链过程。目前，中国牛肉产量来自工厂化系统仅占1%，比例是各类畜产品中最低的。较低的现代化水平极大程度上阻碍了中国牛肉市场的发展。我国牛肉分级体系、标准及检测和监控系统相对滞后，尚未建立起能够反映牛肉质量的分级体系和标准。在屠宰、加工环节以及环保要求等方面，与发达国家的差距依然很大。由于牛肉检测和监控系统的缺失，国产牛肉尚不能达到国际质量卫生标准。

（五）总结

吉林长春皓月是一家以清真肉业为主的股份有限公司，以肉牛系列深加工为主营业务的国家级现代化重点龙头企业。在产品方面，生产牛肉、羊肉、熟食制品、饲料、生化制品、皮革等。皓月公司是一个成功的牛肉制品企业，

其成功基于以下几点：

（1）采用相关多元化发展为一体的发展模式；

（2）公司充分发挥国家政策优势、吉林地域资源优势和清真特色优势，确定了建设循环经济的发展模式；

（3）引进世界顶级肉牛种源繁育而成的牛种沃金黑牛；

（4）与十余家国内外企业达成项目合作；

（5）邀请省长等为其建立的园区揭牌，扩大其影响力；

（6）建立会员制；

（7）扩大其规模；

（8）及时改进销售方式。

"千专百店"是皓月集团的连锁零售型销售网络，即通过经销商的连锁加盟，在指定区域内开设统一形象、统一标准、统一供货、统一管理的专卖店。当时在国内同行业没有非常成功的经验可以借鉴和模仿，皓月集团可以说是首创了这种专卖店渠道模式，即低毛利连锁模式、经销＋专卖＋配送模式。主要销售渠道为自营专卖店，为实施差异化战略，形成新的核心竞争优势，建立集品牌塑造、产品展示、现场加工、终端零售、物配集成为一体的多功能品牌渠道终端。

长春皓月在产品、市场、品牌、团队方面有其自身的优劣势。消费市场对牛肉需求的提高为其提供了机会，但牛肉的品质较低，产品结构不合理，替代品以及牛肉安全问题和养殖量的减少让长春皓月面临着新的挑战。

案例四
雪龙黑牛

一、企业背景

雪龙黑牛股份有限公司成立于 2002 年 7 月（原名大连雪龙产业集团有限公司），经过多年发展目前已形成了独具特色的集高品质肉牛繁育、养殖、屠宰、加工、销售于一体的全产业链经营格局。同时，雪龙黑牛辅以饲料加工、粪肥处理等业务，真正实现了生态可循环的持续发展模式，带动周边农户增收致富，且对我国高品质肉牛行业起到了典型的示范带头作用，先后被认定为高新技术企业和国家级农业产业化龙头企业。

位于大连总部的雪龙牧场，目前雪龙黑牛存栏规模已达到万头以上，成为我国高品质肉牛养殖规模最大、现代化程度最高、科技含量最高的集约化养殖基地。除此之外，雪龙黑牛还将陆续在山东、北京、河南、重庆、贵州等地建立新牧场，以满足不断扩大的消费需求。

二、产品介绍

雪龙黑牛是大连雪龙产业集团投入巨资，利用高科技手段培育出的优质杂交牛品系。其肉质细腻，肌纤维细嫩，入口易化，香美可口，风味独特，回味无穷，其高档产品的适口性，可同世界最著名的日本和牛媲美。不止口感好，它的营养价值也高，某些营养成分已超过了国际上著名的高档肉牛品种，突出特点是脂肪中含有的饱和脂肪酸低，不饱和脂肪酸高，胆固醇含量也低。

此外，雪龙黑牛的牛肉蛋白质含量为 17%，生物价为 79，其平均脂肪含量为 20%，低于猪肉的 30%～40%，与羊肉相当。每百克雪龙黑牛的胆固醇平均含量为 145 毫克，低于鸡肉、鱼类和蛋类。其饱和脂肪酸的含量低于不饱和脂肪酸，二者之比约为 5：8，有的部位的不饱和脂肪酸含量是饱和脂肪酸的 1.5 倍。雪龙黑牛的矿物质钙、铁和锌的含量，分别是 19 毫克/千克、21 毫克/千克和 40 毫克/千克，分别为黄牛的 3 倍、8 倍和 20 倍，是猪肉、羊肉的二至数十倍。

三、产品特色

雪龙集团在保证牛品种的基础上，还对牛进行人性化的育肥管理。

吃熟食。雪龙黑牛生活的牛棚，一边是饲料槽，一边是水槽，牛可以自由吃喝。雪龙黑牛吃的都是有机饲料，分为粗料和精料。粗料是有机稻草，精料是由玉米、大麦、豆粕、有机盐等配制经过熟化后加工而成。经严格处理和定期检验的饲料中不会残留任何的农作物或有害物质，从源头上保证了雪龙牛肉的安全。饲料熟化处理也是为了让饲料中的营养成分更易于被牛吸收，更有利于产出高品质的牛肉。

吹风扇。每个牛圈顶部都装有自动排风系统，进行温度、湿度和空气调控（降温和排除氨气），使牛棚内有充足的氧气。牛自由地呼吸着清新的空气幸福地长大。

做按摩。每个牛圈里都有一个电动按摩器，牛只要自己去蹭它，它就会快速运转起来，按摩的部位、时间完全由牛自己决定。它能够促进牛的血液循环，让长出的脂肪均匀分布到精肉当中，形成雪花状花纹。

睡软床。牛圈里的地上铺着厚厚的锯末，成为牛的"软床"。锯末中掺有生物酶素，对牛粪能做一些前期处理，而收集来的牛粪，则直接被送往牧场中的粪便加工厂，制成有机肥料，成为农业的好帮手。

听音乐。牧场内时时刻刻都能听见优美的小提琴曲。经澳大利亚专家研究，在众多乐器中小提琴的声音最受牛欢迎。听音乐一方面是为了让牛心情愉快，长出细嫩的肉来，另一方面是为了减少牛的应激反应。为了让产出的牛肉更香嫩可口、安全可靠，雪龙集团从没有放松过任何一个小的细节。

正是基于雪龙集团对细节的不放松，雪龙牛肉的观赏性、回味性、功能性、安全性在国内都是首屈一指的，以绝对的优势步入了世界高档牛肉的行列。

四、市场定位

随着我国人民生活水平的不断提高，肉食品结构的变化，涉外饭店和高级宾馆的蓬勃发展及国际肉牛业生产、加工和贸易向着纵深和横向发展，推动了我国肉牛市场的变革。大连雪龙集团看准了中国高档肉牛生产市场的空白，才开始了雪龙黑牛这个项目。

雪龙黑牛有"中国的神户级牛肉"之称，是具有很高的欣赏价值、营养价值、赏味价值和开发利用价值的功能型牛肉。从项目开设之初，雪龙黑牛股份有限公司就将雪龙黑牛定位成中国自主品牌的高端牛肉，向国外的高端牛肉品牌发起挑战。

五、销售模式

雪龙黑牛有自己投入资金开设的牛肉直营店。除此之外，为了获得产品的更大范围的销售，还通过承包模式与餐厅签订合约，与高级餐厅或高端餐饮企业进行合作，还有招募经销商、专卖店加盟等销售模式。这些模式的开启有利于雪龙黑牛进一步占领消费者市场，扩大牛肉市场份额。

六、SWOT 分析

雪龙黑牛的优势、劣势、机会和威胁分析如图 1 所示。

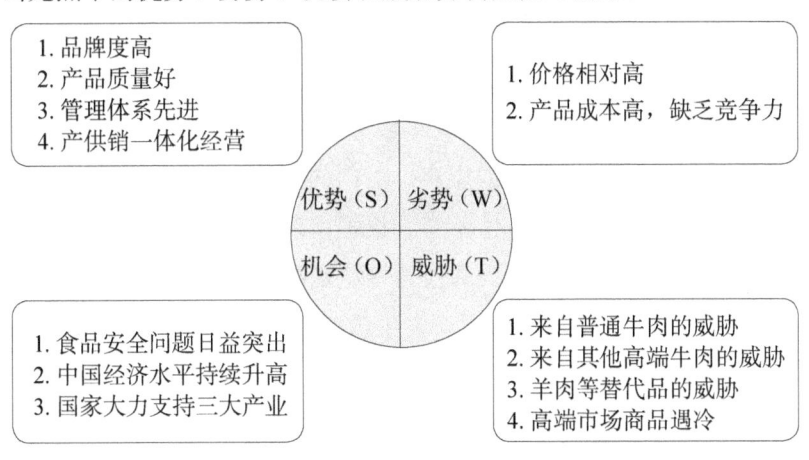

优势（S）
1. 品牌度高
2. 产品质量好
3. 管理体系先进
4. 产供销一体化经营

劣势（W）
1. 价格相对高
2. 产品成本高，缺乏竞争力

机会（O）
1. 食品安全问题日益突出
2. 中国经济水平持续升高
3. 国家大力支持三大产业

威胁（T）
1. 来自普通牛肉的威胁
2. 来自其他高端牛肉的威胁
3. 羊肉等替代品的威胁
4. 高端市场商品遇冷

图 1　雪龙黑牛的分析示意图

七、营销组合

（一）产品策略

雪龙黑牛共分为三类产品：雪龙牛肉、雪龙礼盒、家庭料理系列。作为国内高端牛肉的领先品牌，雪龙黑牛在培育方式上，除了采用生物科技育种手段外，还引进国外先进的饲养管理育肥模式进行育肥，创造性地对育肥牛进行福利优化模式饲养——"听音乐、做按摩、睡软床、吹风扇、吃熟食"，使雪龙黑牛肉成为具有很高的欣赏价值、营养价值、赏味价值和开发利用价值的功能型牛肉。

雪龙产品在供应酒店时，都是整包大块的产品。但要进入超市，就必须要进行产品细化分割。扒片分割要求严格，每一片都要做到定型、定量。

根据2016年数据分析，雪龙黑牛高端产品占40%，中低端占60%。今后的趋势是雪龙黑牛将占据50%普通牛肉市场。

（二）价格策略

毋庸置疑，雪龙黑牛作为高端牛肉，在价格方面相对普通牛肉要高出许多。从产品的定位开始，雪龙牛肉就承载着做中国高端牛肉第一品牌的使命。从研发到投入生产，雪龙黑牛经历了一个漫长而又艰难的过程。从培育到销售，雪龙黑牛一直是持高投入态度，对每个细节都十分重视。

市场细分决定了市场价格的层次。牛肉的价格也根据不同的场所分成不同的等级，因包装重量不同价格不等。根据肉的等级定价，雪龙为雪花肉设定A1至A6这6个级别，大理石花斑纹越多级别越高。每头牛可分割36个部位，但其中最贵的只有上脑、西冷、眼肉、牛领四个部位。

在此之前，雪龙集团一直将牛肉业务重心放在生鲜肉上，忽略了向其他产业延伸。近年，高端餐饮企业成绩受政策影响一路下滑，不得不选择多战略发展。于是，雪龙集团新增食品深加工业务。为了将雪花牛肉在中国逐步推开，被普通消费者接受，雪龙集团推出了深加工产品。

（三）渠道策略

高端餐饮遇冷转入商超"取暖"。面对大众消费，除了产品转型之外，渠道也要随之转型。以前，雪龙黑牛的主力销售渠道在高端餐饮，而眼下已经将销售渠道开拓的重点放在了商超渠道和电商渠道。

为避免给经销商带来账期和经营上的压力，现在商超渠道全部是公司直营。雪龙黑牛进入麦德龙系统，在其中的牛肉类别排名第二。麦德龙不同于其他大型商超，没有高昂的进店费用，但认证体系非常严格。此外，麦德龙的销售采用的是针对企业会员的"会员制销售"，很多餐饮企业都是麦德龙的会员。

从2011年起，雪龙黑牛就将销售模式的基调定位在"将服务重点延伸到终端去"。除了像麦德龙、华联、家乐福这种大型商超，雪龙黑牛还专门针对大型连锁餐饮企业设立了大客户部。

除了在商超和大客户渠道发力之外，电子商务渠道也是雪龙黑牛比较看重的一个渠道。为更好地服务潜力巨大的沿海一线市场，雪龙黑牛分别在大连和上海建设了营销中心。目前，雪龙黑牛已经进驻了天猫和京东两大电商平台，销售情况良好。

八、总结分享

雪龙黑牛是目前中国高端牛肉强势品牌。雪龙黑牛的成功并非偶然，它是雪龙集团抓住市场机遇，加强技术创新，建设营销渠道而取得的成功。当年雪龙集团发现中国高品质牛肉市场的空白后，与中国农业大学合作，经过无数次失败后成功培育出雪龙黑牛。雪龙黑牛股份有限公司将雪龙黑牛定位在高端牛肉市场，立志做中国第一的高品质牛肉，市场洞察力与科学的市场定位让雪龙黑牛的起步比较高。雪龙黑牛产品本身品质属上等，无论是营养成分，还是肉质，都达到了国际高品质水平，产品本身的高品质，是雪龙黑牛成功的基础。

高品质的产品，来自高品质的经营管理。雪龙黑牛本身品种优良，但没有好的饲养方式，再好的品种也无法体现出来。雪龙黑牛股份有限公司在雪龙黑牛的饲养上采取的是生态可循环的持续发展模式，变废为宝，既开发了副产品，又保护了环境，同时还带动了周边农民的经济发展，可谓利己利人。

雪龙黑牛销售渠道广，不论是高端星级酒店还是大型超市，雪龙黑牛都有覆盖。除了传统渠道外，雪龙黑牛十分注重电子商务，并且线上交易额在逐年增长。

酒香也怕巷子深。好的宣传对于产品的推广起到了至关重要的作用。在2008年北京奥运会上，雪龙集团成为奥运会、残奥会核心区的牛肉供应企业；2010年上海世博会开幕式上，雪龙牛肉成为国宴上招待各国政要的美味食品；随后又成为第16届广州亚运会运动员专供食品；还有2014年11月的APEC会议，各国政要在会议后也享用了雪龙牛肉美食；此外，雪龙黑牛还是极地科考船"雪龙号"的牛肉供给源。这一系列的宣传促进了雪龙黑牛的销售。

案例五
百康鲜牛肉品牌策划纪实

一、解决公司市场难题的钥匙：从产品思维到品牌思维

东莞百康肉类销售有限公司陈明仁总经理在位三年，平时的他对工作兢兢业业，为公司发展殚精竭虑，接手公司业务以来，业务获得长足的发展。但是最近这半年，面对冷鲜牛肉产品销售的下滑局面，他显得一筹莫展：市场增长点在哪里？如何使得产品在东莞市场再上一个台阶？未来怎么让公司的产品走出东莞，面向全国市场？这一系列的问题都需要他找出答案。

市场遇到的问题要请教营销的专家。陈总经理本科学的是市场营销专业，此时，他想起了大学时代的老师，便拨通了桂林电子科技大学袁教授的电话。

笔者在 2014 年 5 月接到了东莞百康肉类销售有限公司陈明仁总经理打来的电话。在电话沟通中陈总经理介绍了公司的现状，未来发展的蓝图以及困扰公司发展的难题，最后希望母校能提供必要的市场咨询，帮助公司找到发展的方向，解决当前所面临的市场问题。6 月笔者与团队核心成员赶赴东莞与陈总经理及集团公司的高层进行了面对面的沟通，了解了企业当前所面临的市场困境。主要的问题集中表现为，东莞一些农贸市场的档口个体户销售的牛肉因为注水原因，价格大概在 30～35 元/斤，公司销售的牛肉一斤价格在 40 元以上。很多消费者在不清楚牛肉品质的情况下，倾向于购买价格更低的牛肉，导致了公司牛肉销售的下滑。

听完了公司高层对于市场问题的介绍，笔者也提出了解决公司当下销售问题的思路。公司问题的现状是销量下滑，表面上是产品的问题，其实是市场上注水牛肉产品的低价冲击，导致牛肉销量的停滞不前，甚至部分区域销售量的下滑。如果与对手拼价格，降低产品的品质，短期可能会遏制销量下滑的颓势，长期来看必将会影响到公司产品的声誉和公司形象，与公司的发展目标相悖。

笔者建议公司跳出产品思维，将产品思维转化到品牌思维，如何在保持公司产品高品质的前提下，减少市场上低价产品的冲击，甚至是通过给消费者提供优质的产品来提升产品的附加值。换个视角看待市场销售问题也许能

找到解决问题的答案。品牌能增加产品的感知价值，提升产品的形象，品牌能增加产品的附加值，降低竞争对手的低价冲击。公司销售鲜牛肉品质是优良的，品质是品牌建立的基础，有了这样良好的品牌发展条件，通过品牌运营一定可以对消费者产生强大的吸引力，解决公司目前遇到的销售问题，用品牌的钥匙打开产品销售问题这把锁。

基于品牌思维，结合公司面临的市场问题，笔者提出以下四点看法。

（一）鲜牛肉产品进入品牌化营销是必然趋势

随着消费者健康保健意识的提升，消费者对农产品的消费逐渐由"温饱型"向"营养型"转变。现在城镇居民家庭不仅讲究吃饱，而且还要吃好，吃出营养，吃出健康。消费者越来越讲究食物的精细、营养、美味、方便和保健。以大米为例，过去消费者购买的多是国营粮店出售的散装米，现在消费者更多从超市和粮油商店购买袋装米、优质米。看到了这个商机，越来越多粮食加工企业开始推出自己的大米品牌，而这些品牌大米也逐渐取代过去的散装大米成为消费者的主要选择。另外，随着消费者对农产品消费需求的不断提高，也促使农产品生产加工企业必须开始塑造自己的品牌形象，以品牌带动品质，满足消费者日益增长的需求。

参考发达国家农产品营销的发展过程，未来随着我国居民生活水平的不断提升，中国冷鲜肉类营销也必然会进入到品牌营销的阶段。品牌营销可以让农产品企业在同质化的市场，做出特色，取得市场主动权。

（二）品牌是消费者判断冷鲜牛肉产品品质的重要指示器

民以食为天，市场上假冒伪劣的牛肉及牛肉制品严重侵害着消费者的权益。消费者在对牛肉产品知识有限的情况下，迫切需要通过品牌和认证标识等手段从市场上购买质量合格的牛肉产品。在这一背景下，品牌冷鲜牛肉将成为越来越多消费者在购买牛肉产品时要考虑的重要因素，保证自己能得到优质的牛肉产品。在信息不对称的情况下，消费者通常依靠商家信誉和品牌作为选择优质牛肉产品的依据。

（三）品牌营销有助于提升公司冷鲜牛肉的销量

品牌能给消费者带来功能利益和情感体验，已经成为消费者在选购产品时重要的考虑因素，在购买决策中消费者逐渐形成品牌偏好。通过数据分析，"名牌"产品受欢迎程度是"非名牌"产品的两倍；"名牌"的销量比"非名牌"的销量多出30%；70%的消费者会认为"名牌"产品比"非名牌"好，更倾向于购买品牌的产品。所以创建品牌，能够帮助公司更好地满足消费者对食品消费升级需求，使产品得到更多消费者的青睐，对于提升公司冷鲜牛肉的销量有重要的现实意义。

（四）品牌能提高冷鲜牛肉溢价

品牌能给企业带来溢价。提高产品的价格，在弥补企业品牌运营投入的同时会给企业带来额外的附加价值。品牌的溢价效应在消费品营销中大量存在。标记有"NIKE"标识的T恤在市场上可以卖200元，而普通的T恤通常只能卖30～50元。星巴克的咖啡可以卖到30元一杯，而市场上普通咖啡店通常只能卖10元。在农产品的竞争中，越来越多的企业也开始关注品牌所带来的溢价，比如浙江安吉的寿康鸡可以卖到138元/斤，广州本地"壹号土猪"可以卖到30元/斤，大连"雪松黑牛"的优质牛肉一斤可以卖到上百元。以上的案例表明对品牌的运营是可以给公司带来溢价收益的。

基于以上分析，笔者认为东莞百康肉类销售有限公司提升品牌知名度将促进整个公司的业务发展，对于做大做强牛产业链具有重要意义，也是企业业务走出东莞，走向全国的必然选择。经过有效的沟通，双方确定了以品牌策划为突破口，重新对公司现有的品牌要素进行梳理和设计，提出一套品牌规划方案，通过品牌运营帮助企业突破市场瓶颈，助推企业销售业绩再上一个台阶。笔者回到桂林后组建了东莞百康肉类销售有限公司品牌诊断与策划的团队，开启了这次富有挑战性的品牌策划之旅。

二、百康公司品牌发展现状分析与诊断：老字号，新问题

2014年7月策划团队按计划到东莞开始了东莞百康肉类销售有限公司（下称百康食品）品牌策划的相关工作。策划的第一步是了解公司的现状，了解市场的基本情况，获取品牌策划所需要的素材，明确公司品牌运作中存在的问题。策划团队分成了两个小组，第一小组根据策划的内容设计了访谈提纲，与销售公司的中高层进行了深入沟通，通过访谈了解他们对公司产品销售及品牌运作的想法和建议。第二小组负责鲜牛肉的行业信息，并对公司生产、加工环节进行实地调查走访，获取翔实资料。

（一）公司的发展现状

东莞市百康肉类销售有限公司隶属于广东百分百实业集团有限公司，是以专业从事肉牛屠宰、深加工、销售为一体的民营企业。公司主要涉及"横沥牛行"鲜牛肉连锁销售，"望溪"牌广式腊肠、腊味、烧猪等产品生产销售，以及生猪、活牛、活羊定点屠宰，生猪批发等三块主营业务。依托于集团旗下华南第一大现代化活牛交易市场——"横沥牛行"的平台优势，百康食品逐渐完善从活牛采购、定点屠宰、检验检疫、冷链配送到恒温销售的鲜牛肉产业链。公司严格执行"从农场到餐桌"全过程质量监控，为市场提供安全、健康、营养的鲜牛肉产品。通过实施一体化战略，公司形成一条以"品牌鲜牛肉"连锁销售为主，以牛肉深加工、产品多元化销售为辅的创新连锁销售模式，积极探索出了一条独特的"农贸商超化"商业发展道路。

百康鲜牛肉连锁直营销售点遍布东莞全市，公司向鲜牛肉销售专业化、规模化、产业化方向快速发展。前期在销售过程中使用的是"横沥牛行"的品牌。近年来还重点推广"望溪"牌广式腊味，包括腊肠、润肠、生晒肠、腊肉等多个品种，供应市场后颇受欢迎。

公司下属横沥食品公司、望牛墩食品公司，作为东莞市政府定点屠宰企业，主要从事屠宰生猪、活牛、活羊等加工业务。现代化屠宰生产车间软硬

件设施一应俱全，操作设备实现机械自动化运作，达到国家食品安全生产标准，是东莞市食品安全工程重点企业。

（二）公司品牌发展的有利条件

1. 集团公司强大的实力

百康食品隶属于广东百分百实业集团有限公司。集团公司是一家集家居智能照明系统、节能照明产品研发、生产与销售，商业地产开发、高等教育产业投资、建设工程、品牌家电、电脑、汽车销售等多种行业于一体的多元化实业集团。经过近20年的发展，公司实力雄厚，经营经验丰富，拥有一批高素质的人才。百康食品是集团公司多元化战略重要的一环，集团公司为百康食品品牌战略的实施提供了充足的资源保障。

2. 悠久的品牌历史

横沥牛行有500多年的发展历史，是全国著名的生牛交易集散地，是东莞乃至广东地区重要的活牛交易市场。横沥牛行的前身是横沥牛墟，起源于明末清初，与三水西南、鹤山沙坪并称广东"三大牛墟"。2007年，横沥牛墟被评为东莞首批非物质文化遗产。横沥牛行在业内及周边地区具有很高的知名度和影响力，在东莞农贸市场的随机调查中有超过一半的消费者知道"横沥牛行"的名称，悠久的品牌历史和较高的知名度有助于消费者增强对公司品牌的信任度。

3. 良好的品牌声誉

集团公司非常看好鲜牛肉产品行业的发展前景。公司在前期通过品牌形象设计和宣传，特别是横沥牛行鲜肉连锁销售中心的建立，在东莞市及周边镇打开了市场，高品质的牛肉及企业宣传的品牌逐渐得到消费者的认同和青睐。在对到直营店购买过牛肉的消费者动机调查中，"新鲜""不打水""质量保障"的选择分别排在前3位,表明购买过公司鲜牛肉的消费者对"横沥牛行"的品牌印象是良好的,"横沥牛行"的鲜牛肉就是品质好的牛肉。

4. 完善的牛产业链

百康食品目前的业务涵盖了活牛交易、活牛屠宰、鲜牛肉销售及牛肉餐饮等,包括从牛肉采购、检验、深加工、销售、主题餐饮的全产业链环节。鲜牛肉产业化延伸有助于保障产品的品质稳定,有助于增加消费者对"横沥牛行"品牌感知。

(三) 鲜牛肉行业的发展情况

2013年末国家出台《全国牛羊肉生产发展规划(2013—2020年)》,对牛肉产业支持力度增强,短期内会刺激牛肉供给的增加。而从需求角度看,随着城镇化进程的加快和居民生活水平的提高,牛肉需求量进一步增加,将进一步推动牛肉价格的上涨。如果我国人均牛肉消费量达到日本当前的水平,那么牛肉消费总量将达到1 200万吨以上,按照目前的牛肉产量需要再增加1倍才能弥补供需缺口。

但与其他畜牧产业相比,肉牛产业生产周期长,产业链条长,覆盖面大,资金回报率不高,导致供需矛盾日益凸显。中国肉牛产业可持续发展受到一定程度的制约。由于国际牛肉具有价格优势,为满足国内需求,我国今后进口牛肉量还会进一步增加。

1. 国内鲜牛肉的整体发展状况

(1) 缺乏国际市场竞争力,难以抵御国外低价牛肉的冲击

改革开放以来,中国牛肉产业虽然已经实现了由役用向肉用的转型,但是与发达国家肉牛产业相比还有很大差距。中国牛肉产品以中低档为主,主要用于满足国内需求,高品质牛肉较少,多从国外进口。从1998年开始,中国牛肉进口量逐渐增加,但是增幅不大。2011年中国还是鲜冻牛肉净出

口国，2012年就成了净进口国，这一模式的规模到2013年进一步扩大。2013年1～6月中国牛肉累计净进口量已经达到12.3万吨，相当于2012年全年净进口量的1倍多。牛肉进口量的不断增加，对国内牛肉市场将产生较大冲击。根据国家相关规定，目前只从加拿大、澳大利亚、新西兰、巴西、乌拉圭和阿根廷等国进口牛肉。这些国家牛肉质量较高，且价格低于中国牛肉价格。从2009年开始，随着国内牛肉价格不断攀升，国内牛肉价格已经明显超过这些国家。这种价格上涨并不是由于质量改善、优质优价，而是因为国内需求急剧增加、供给数量不足所致。2010年中国牛肉价格已经远远高于加拿大与澳大利亚的牛肉价格，国内肉牛产业面临着越来越严峻的国际竞争。牛肉产业低质量、高价格已经成为中国牛肉产业发展的一个显著特征。

（2）牛肉供给与需求之间的矛盾依然突出

随着中国工业化、城镇化的快速推进，城镇人口增长以及城市与农村居民对牛肉需求量的显著增加，进一步推动了居民对牛羊肉的需求。由于牛源短缺问题在短期内不会消失，肉牛存栏量减少、养殖周期长、投资大的特点致使牛肉供给与需求之间的矛盾依然会非常突出。综合膳食结构、肉类消费、价格、城市化影响等因素，2014年全国年人均牛肉消费量大幅增加，虽然国际进口量也逐年增加，但是总需求量也随之扩大，进一步推动牛肉价格上涨。

（3）散户退出肉牛养殖业趋势将减缓，肉牛养殖规模经营能力提升

与前几年大规模散养户刚性退出肉牛养殖业不同，大规模机械化及城镇化替代引起的大量散户退出肉牛养殖业的趋势已经逐渐减缓，肉牛养殖的规模经营能力提升。目前，留在肉牛养殖业的养殖户具备较高的养殖实力，抗风险能力强，如果有政策的推动，投资热情将会显著提升。而且由于肉牛养殖投资大，已有投资的刚性约束，不仅提升了肉牛养殖业抗风险能力，也促使规模养殖户留在了肉牛养殖业，替代散养户成了肉牛养殖群体中的主体。与此同时，国家级和省级龙头企业为了应对牛源严重不足以及产能严重过剩

的问题，纷纷建立规模化的养殖基地，并实现企业与养殖户契约对接，解决牛源不足的问题，极大地提升抗市场风险的能力。

2. 鲜牛肉的生产状况

国内牛肉生产水平逐步提高，牛羊良种种群扩大，质量提升。在引进国外优良品种同时，中国加大了国内外品种的杂交改良，成功培育出夏南牛、延黄牛、辽育白牛等肉用新品种，建成了一批国产品种的肉牛肉羊原种场、繁育场和种公牛站，加快了良种推广，标准化、规模化养殖得到推进。"十三五"以来，规模化养殖推广力度不断加大，提高了肉牛肉羊出栏率。

产业化龙头企业的发展壮大，"公司+合作组织+农户""公司+基地"等经营模式的推广普及，有利于提高农户养殖水平和组织化程度，带动牛羊肉生产增产增效。国家肉牛肉羊产业技术体系形成，品种改良、舍饲圈养、饲草料调制、科学育肥等技术推广加强，牛羊肉生产的科技支撑作用将增强。随着国家综合国力的进一步增强，包括标准化规模养殖场建设在内的牛羊肉生产扶持政策力度不断加大，全国特别是西部牧区肉牛肉羊生产将加快转型。通过农牧结合、舍饲圈养等措施，促进肉牛肉羊生产持续稳定发展。据2009～2013年统计，全国牛肉产出状况和全国牛肉总产品有较大增长，如图1、图2所示。

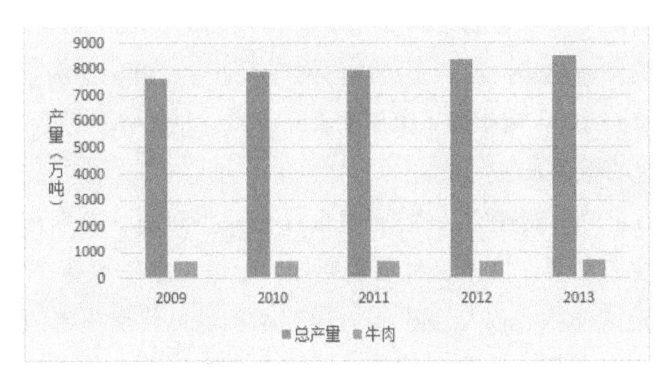

图1 2009～2013年全国牛肉产出状况

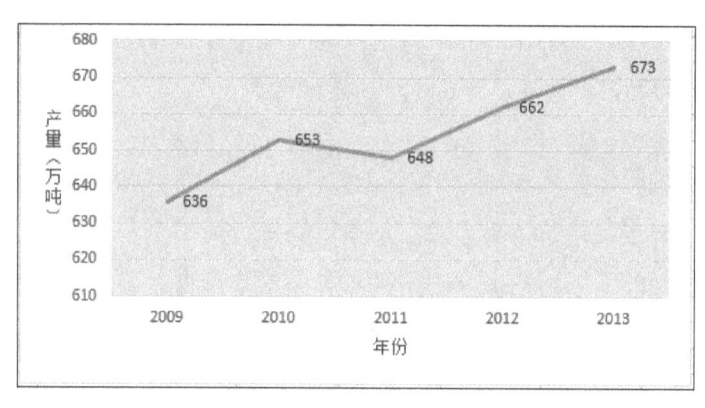

图 2　2009～2013 年全国牛肉总产量

3. 国内牛肉的生产加工状况

肉牛生产已由西北牧区向农业经济优势区域转移，现已形成西北（包括甘肃、陕西、宁夏、青海、新疆、内蒙古）、中原（包括河南、山东、山西、河北、安徽）、东北（包括吉林、辽宁、黑龙江）、西南（包括云南、贵州、四川、重庆、西藏）四个肉牛产业带，且产销两旺，呈现出蓬勃生机的景象。

屠宰加工企业不断增加，规模有所壮大，集约化程度有所提高；牛肉加工制品的品种有所扩展，加工技术有所突破；企业、市场与研究单位之间的交流合作日益频繁，市场竞争力不断提高。

肉类消费发生了明显的结构变化，呈现了从冷冻肉到热鲜肉，再从热鲜肉到冷鲜肉的发展趋势，形成了"热鲜肉广天下，冷冻肉争天下，冷鲜肉甲天下"的格局。因此，肉牛加工也正朝着冻变鲜、大变小、生变熟、粗变精、散装变规格化的健康方向发展。

在牛肉生产加工快速发展的同时也存在一些问题。肉牛选育改良缺乏科学规划和统一部署，肉牛良种覆盖率低，个体贡献率不高；牛肉品质低，分级标准、追溯体系、安全卫生等方面存在不足；优质牛肉短缺，优质优价的市场基础尚未形成。牛肉的质量越来越受到消费者的关注，并成为制约我国城乡居民（尤其是城镇居民）消费和出口的主要问题。牛肉供应总量不足，人均占有量不及世界平均水平的一半，且中低档牛肉产品居多，高档牛肉所占比重不足5%，仍然需要从国外大量进口。肉牛企业普遍起点不高，产业与金融资本缺乏结合点，市场拉动作用还没有上升为产业发展的主导力量。

4. 鲜牛肉产品的需求状况

受居民收入的增加和消费者偏好的影响，我国牛肉需求逐年增长。近年来，越来越多的消费者选择营养、健康的牛肉作为肉食主体。随着欧式、韩式等烹饪方法的推广，以炖、涮为主的牛肉食用传统逐渐发生了改变。同时，消费者在购买牛肉时也更注重牛肉的部位和质量，高档牛肉需求增加。中国人均牛肉消费量仅为4～5千克，不到全球人均消费量的1/2，优质牛肉有着巨大的市场空间和良好的市场前景。牛肉市场价格呈现上涨的趋势，未来巨大的发展空间也是有目共睹的，所以市场竞争相当激烈。

发达国家的超级市场基本上都是低温肉和冷鲜肉，其具有鲜嫩、脆软、可口、风味佳的特点。在加工中，虽然肉蛋白质适度变性，但基本保持了原有弹性，肉质结实有咀嚼感，最大限度地保持了原有营养和固有的风味。在品质、营养上明显优于高温肉制品（采用高温杀菌）。我国少数大型肉类加工企业，如双汇等，已经开设肉类连锁店，大批量生产销售，深受消费者的欢迎。

无论是大城市还是小城镇，现代生活节奏的加快，使人们不再为一日三餐而过多地停留在厨房，于是食用快捷方便的熟肉制品便成为人们日常食物的重要组成部分。虽然我国牛肉消费量节节高升，但熟肉制品的产量占其总产量的比重还不到10%，而发达国家熟肉制品已占到牛肉总产量的50%以上。显然，中国牛肉制品行业同国外发达国家相比还是有相当大的差距。

国内市场需求变化将带动肉牛加工业加快结构调整和产品优化，单一牛肉类品种主导市场的格局将被多样化、差异化、混合品种所替代，如各种精深加工的分部位冷鲜肉、小包装肉、半成品肉、冷冻肉、熟肉制品及以肉类为原料的方便食品。高档牛肉和熟制品牛肉的市场需求相对比较大。

(四)本地消费习惯的分析

1.(粤菜)菜品滋味突出鲜味

粤菜最突出的一个特点是菜品追求鲜味。中国饮食中有一句家喻户晓的俗语,叫作"民以食为天,食以味为先"。这句话到了广东就加了一句:"味以鲜为先"。广东人的饮食追求味鲜,以菜品有鲜味为最高的境界。借助提鲜、保鲜、增鲜、助鲜、借鲜等一系列工艺法,令其具有清鲜、鲜爽、鲜嫩、鲜甜、咸鲜、浓鲜、鲜香等特色的菜品比比皆是,难怪人们说,粤菜简直就是一个鲜味的世界。食品追求鲜味是饮食具有科学性的表现。首先,味鲜的食品必定来源于新鲜的、无变质的原料。其次,习惯清鲜口味的饮食摄入的盐量,与世界卫生组织提倡的日摄入盐量标准基本一致。

2."食在广州"是世人对广东饮食的赞誉

"食在广州"是世人对广州饮食、广东饮食的赞誉。"食在广州"是经过漫长的历史时期所形成的口碑,是对广州吃得方便、吃得丰富、吃得满意、吃得新奇、吃得回味的赞美。物产丰富是"食在广州"的基础,需求强劲是"食在广州"的动力,观念开放包容性强是"食在广州"的本钱,大批的名厨、名店、名菜是"食在广州"的体现,而政府的支持将使"食在广州"的发展得以长远。"食在广州"是发展广东饮食文化,提高广东餐饮业竞争力的一种独特的优势。明清尤其是明中叶以来,广东经济突飞猛进,资本主义萌芽,在珠江三角洲生长和澳门作为一个国际贸易港的崛起,促进了商业城市的产生和兴盛,圩镇大量出现。"又有粤中处处有市的记载:顺德锦鲤海有龙眼市,各处龙眼果俱于此贸易。廉州城西卖鱼桥畔有珠市,珠壳堆积,土人常以珠蚌肉饷客，杂姜齑食之，味甚甘美。其肉有细珠如粟遗藏于中。万州有鹿市，琼郡鹿皆鬻市内……"其时，饮食业开始遍布全省各地，经营范围也有所扩大，广州城内所有街道几乎都有饭馆，这些饭馆里有大量烹调的肉食，有很多烧煮的鹅、鸡、鸭，以及大量做好的肉和鱼。经过长期的发展，广东饮食店铺可谓是星罗棋布、鳞次栉比，并逐渐形成了酒楼和茶楼两大饮食行业和其他中小饮食行业。饮食业的发达一方面反映了广东商品经济的发展，另一方面也为广东饮食文化的良性发展创造了条件。

3. 消费群体特质

广东消费文化主要表现在广东人"重吃轻穿"的消费心理和广东人自身海纳百川的特质上。

首先是广东人的消费心理。需要是个体行为的原始动力；消费需求则是市场发展的根本动力。衣、食、住、行是人类的主要消费需求。但衣、食的消费和住、行的消费是不对等的。前者属于日常消费，而后者则属于大宗消费。因此，衣和食的消费是人们日常生活中最主要的消费内容。不同地区和文化背景的人对衣和食的消费心理存在很大的差异。广东人普遍有"重食轻衣"，或者说"重吃轻穿"的消费心理。广东居民在衣着方面的消费水平不到全国平均水平的一半，而食品的消费高于全国平均水平。这一消费心理在广州居民中表现得尤其明显，广州有句俗话，"辛苦揾嚟自在食"。意思是说辛苦赚钱，就是为了享受三餐。历年来，广州居民在外饮食占消费性支出的平均比例大致在13.8%左右，这一比例在全国遥遥领先，是全国居民平均在外饮食消费的3～5倍，充分体现了广东人"以吃为日常消费第一要义"的消费心理。广东人的"重吃"心理既与自然环境和社会经济发展有关，也与"吃"本身对个体发展意涵的丰富性有关。同时，广东的历史文化和地方性格，使广东人的"重吃"心理得到了进一步的强化。由于广东地处边疆，历代王朝对其控制比较弱，受正统封建思想的影响较小，因而广东人具有轻政治重商业、轻集体重个人的地方性格。他们强调个人价值、追求个人享受，以拼命地工作、尽情地享受为生活宗旨。通常人们以"锦衣玉食"作为享受的一种标志，但广东夏长的气候条件使人们对"锦衣"无特殊要求，而对"玉食"却是情有独钟。

其次，是广东人的性格特质。广东人具有开放性、兼容性、开拓性、灵活性、趋时性、享受性等特质，这些特质在饮食文化方面的表现就是"无所不吃"。凡各地常用的家养禽兽、水泽鱼虾，粤菜中无不尽用，而各地所不采食的蛇虫鼠蚁鲨螺鳖等，广东人则视为上肴，必欲将其油煎火炒、汤煮水蒸、调味烹食而后快。这种现象在广东自古有之。现代亦有人形容道："天上飞的除了飞机，地上爬的四条腿的除了板凳，广东人什么都吃。"这种海纳百川、博采众长的饮食消费心理是广东饮食文化得以长足发展的重要原因。

（五）公司品牌运营的困境和痛点

在品牌诊断的过程中，与企业高层有效交流与沟通十分重要，他们最了解公司的市场、所面对的顾客和资源状况。通过与企业中高层的沟通，能快速有效地了解企业的需求，对于品牌策划工作的成功具有事半功倍的效果。在进行沟通前，必须明确沟通的目的，拟定访谈和沟通的提纲，循序渐进，引发对方对所谈论主题的思考，让访谈对象敞开心扉畅所欲言，谈话内容要及时记录。以下内容根据当时课题组与企业高层进行访谈的部分录音内容整理。

陈总："老师，感谢您在百忙之中，抽出时间到我们公司来交流指导。在前几次电话里面和您交流了百康食品现在遇到的一些问题。今天有机会进行面对面的交流。我们公司成立之初，业务主要集中在活牛交易、活牛屠宰及下游的特色牛肉餐饮，最近这两年公司开始将业务拓展到鲜牛肉的销售行业。开始的时候，效果还不错，凭着'横沥牛行'的招牌，顾客对我们的鲜牛肉还是很信任和认可的。"

袁教授："当初你们主要采取了什么样的营销手段来吸引消费者？"

陈总："其实说起来也很简单，因为我们卖的牛肉产品在采购上有优势，我们对自己的牛肉产品很有信心。前几年市场不是很规范，我们看到市场上有些个体户经营牛肉做手脚，在市场销售注水牛肉。所以当时基于我们对自己销售产品的自信，我们提出了一个宣传口号'绝不打水'，保证我们横沥牛行的牛肉是好牛肉，起到不错的效果。虽然我们的产品比市场档口的同类产品要贵15%～20%，消费者还是愿意接受高品质的产品。"

袁教授："最近牛肉销售出了什么问题呢，你们有没有分析过原因？"

陈总："从最近三四个月的销售数据来看，销售出现了明显的停滞，有的门店甚至出现了销售量下滑的情况。我们分析的原因是，原来的口号虽然简单易于传播，但是感觉缺少品牌的内涵，产品的特色和优势现在显得吸引力差了，再加上档口低价牛肉的冲击，导致顾客的流失，销量停滞不前。"

袁教授："通过你们的分析以及之前我收集的一些市场资料来看，整体鲜牛肉的市场需求是呈现增长状态，说明行业发展趋势是好的。至于百康食品目前销售出现的下滑问题，我初步判断是因为品牌定位和传播不利。之前公司的产品得到市场的认可，是切合了当时消费者对食品安全的需求。现在竞争对手的产品在安全方面改善了，公司产品原来的竞争优势逐渐消失了。换句话说，是产品没有找到好的卖点，没有打到消费者的痛点。我觉得公司需要先从品牌运营角度入手，系统梳理品牌元素，做一个品牌规划和品牌运营的方案。"

陈总："我觉得老师说得有道理，是需要对品牌进行重新策划和运营，以突破我们现在遇到的瓶颈。"

通过与企业高层的深入沟通，项目组决定以公司现有品牌运营问题为导向，系统思考公司经营的市场问题，给出品牌策划和规划的整套解决方案。

（六）对公司品牌的诊断：抓住问题的主要矛盾

1. 缺乏明确的品牌定位

"横沥牛行"现在的定位是"零注水、零污染、卫生健康"。这样的定位没有能够很好地体现出品牌与其他品牌区分的特点，缺乏品牌价值主张的表述，也没有突出品牌个性，品牌印象不突出。企业现有的定位是从产品角度强调公司牛肉产品的特点，但是强调的侧重点是公司销售的牛肉是没有注水的，没有污染的，对消费者是健康卫生的。这样的定位是在市场上牛肉产品经营不规范的前提下提出的，更多考虑的是从产品角度出发，品牌的立意层次较低。由于缺少品牌的价值主张，很难满足消费者对牛肉产品更高层次的需求，不利于引发消费者的联想。

2. 原有的品牌口号显得陈旧，品牌价值不突出

公司目前的品牌宣传口号是"绝不打水"，这个口号通俗易懂也符合消费者的关心利益点，所以得到了市场消费者的认同。"绝不打水"口号是在牛肉市场相对不规范的情况下提出的，随着政府监管的加强，未来市场上销售注水牛肉的情况会大大减少，因此"绝不打水"很难成为公司品牌长期的宣传口号。另外，"绝不打水"是对消费者健康保证的一个因素，打水的牛肉消费者肯定不满意，不打水的牛肉是减少消费者的不满意，并不能带来满意。对于消费者来说，牛肉不打水只是最基本的要求，除此之外他们还需要新鲜、美味、安全和营养价值高的牛肉。因此，"绝不打水"的宣传口号显得陈旧，并不适合未来品牌价值传播的要求。

3. 品牌的延伸存在限制

"横沥牛行"的品牌名称对于了解品牌的消费者联想到的是活牛交易市场，而且这个概念在本地消费者中深入人心。"横沥牛行"原有的品牌形象是否能延伸到牛肉产品的销售，牛行与牛肉之间是否有必然的联系，对于消费者来说是模糊的。如果从品牌发展的角度来说，"横沥牛行"品牌对于不了解品牌的消费者来说，"横沥"是东莞的一个镇，全国消费者知之甚少。牛行代表的是牛的交易市场，容易让消费者联想到这是一个卖活牛的，而不是生产牛肉及牛肉制成品。因此"横沥牛行"在没有附加明确品牌内涵之前，很难让消费者联想到高品质的牛肉。在品牌的延伸过程中，消费者可能存在着对品牌联想的困难和混淆。

4. 缺乏产品的源头控制，在采购环节没有相应的执行标准

公司现有的业务环节中，覆盖了交易、检验及加工和销售等环节。在现有业务中没有涉及上游养殖环节，对牛肉的品质缺乏源头控制。在牛肉制品的采购中缺少相应的执行标准，主要根据采购人员个人经验进行牛肉的评定，容易造成肉类品质的波动。品质波动容易影响消费者对品牌的感知，成为品牌经营过程中的潜在风险。

5. 品牌形象的要素不够全面

品牌在传播中强调的是立体传播，品牌名称和标识需要赋予一定的含义，并且需要品牌形象要素的支撑。公司现有的品牌运营中，没有对品牌内涵进行系统的思考，缺乏品牌价值观的归纳与陈述，品牌形象上没有建立完善的品牌形象识别系统。在CIS方面公司还需要进一步完善，需要建立一套品牌识别与区分的体系。

（七）对症下药，寻找品牌发展的方向

"横沥牛行"品牌还处在品牌培育和运营的初期，品牌各方面要素需要进一步发展和完善。"横沥牛行"本身是极具地区性和行业性的名称，品牌从原来活牛交易领域延伸到牛肉销售领域，需要赋予品牌新的内涵以适应公司发展的长远需要。我们从品牌要素角度来系统分析公司品牌运营存在的问题。根据大卫·艾克（David A. Aaker）的品牌资产模型，品牌要素包括：品

牌知名度、品牌认知度、品牌联想及品牌忠诚等几个方面。

1. 品牌知名度：让消费者知道"我"

横沥牛行在东莞地区具有较高的知名度，但是在广东其他地区和省外都缺乏知名度。在对还没有开设牛肉直营店地区的市场调查中，归根到底"横沥牛行"品牌还是一个区域品牌。从公司的品牌传播来讲，没有系统对品牌进行传播，现有的传播渠道更多的是利用牛肉连锁直营店，主要通过人际方式进行传播，很多情况是消费者偶然到菜市场，看到直营店，觉得环境不错，进来购买。顾客觉得满意后介绍其他的朋友来购买，品牌在小范围的人群中进行传播，公司目前并没有系统的品牌传播的计划。

2. 品牌认知度：让消费者更懂"我"

品牌认知度是指消费者对某一品牌在品质上的整体印象，其核心是消费者对品牌的认知。品牌的认知是品牌给消费者传递的价值主张，它包括功能性利益、情感性利益和自我表达利益。品牌功能性利益是指品牌能给消费者带来什么功能和效用；情感性利益是品牌能满足消费者的情感需要，是消费者深度的品牌体验；自我表达利益是消费者通过购买和使用品牌产品能实现自己的价值表达。以 NIKE 的运动鞋为例，功能性利益是它能帮助消费者提高运动成绩；情感性利益是让消费得到喜悦、积极投入运动的感觉；自我表达利益是让消费者把自己和他喜欢的体育明星联系在一起，表现永不放弃的精神。

在我们对消费者的调查中，店外消费者对"横沥牛行"品牌不熟悉，单纯根据品牌名称让人联想到牛的交易市场，很难联想到"横沥牛行"本身所代表的品牌内涵。究其原因是"横沥牛行"品牌没有进行品牌的定位，品牌的价值观是什么，品牌内涵是什么等基本问题也没有进行系统规划。

3. 品牌联想：占据消费者的心智

品牌联想是消费者透过品牌而产生的所有联想，联想包括产品属性、产品特点、品牌代言人、特定标志、生活方式、个性等多方面内容。品牌联想能帮助消费者更好区分产品的差异，给他们一个合理的购买理由，创造正面的态度及情感。

公司目前的传播中，对已经在直营店购买过牛肉的消费者最容易联想到的是"绝不打水"的宣传，对其他相关品牌信息没有明确联系，没有形成鲜明的品牌形象。在直营店覆盖区域外的消费者调查中，由于品牌知名度低，消费者的品牌联想弱化。在调查中对"横沥牛行的牛肉绝不打水"的回答中持"怀疑态度"和"不相信"态度的分别占到60.8%和15.9%，以上数据表明消费者还没有建立其品牌联想。

4. 品牌忠诚度：从顾客身上获取价值

公司目前正处在品牌运营的初始阶段，虽然现有顾客对产品的评价很高，累积了很多品牌声望，但还没有形成大规模品牌忠诚的顾客。从现有购买者来看，大多处于习惯购买者和满意购买者的层次，离情感购买者和承诺购买者还有较大的差距。公司在培养品牌忠诚消费者的配套营销手段上，也没有系统措施将购买的顾客有意识地转化为品牌顾客，缺少客户管理的手段，缺少对忠诚顾客的培育和转化。

（八）品牌发展的路径：做对的事情

公司的品牌规划主要包括四大板块内容。

一是品牌名称与品牌标识的设计与更新。品牌名称与标识是品牌最基础的部分，也是品牌运营的基础工作，好的名称与醒目标识能帮助消费者更好地识别、产生积极联想。

二是品牌重新定位。品牌定位是品牌的灵魂和精神所在，展现一个品牌独有的特质和魅力，是打动消费者，使其产生积极购买行为的催化剂。

三是建立品牌形象。通过产品、服务、人员、价格、促销、体验等可感知要素展现品牌特性，帮助品牌在消费者心目中留下鲜明的印象。

四是品牌的传播与推广。通过各种传播手段和传播方式，让消费者接触品牌，从不知道到知道，从知道到了解，从了解到熟悉和喜爱，逐渐建立起消费者对品牌的偏好。

通过以上四个方面的品牌目标的设定，逐渐累积品牌的资产，发挥品牌的作用，使得品牌成为公司重要的无形资产。品牌资产的大小取决于市场作用，而市场的作用是消费者对品牌的认知和反应，可以用品牌知名度、美誉度和品牌联想等维度进行测量。对企业业绩影响最明显的是消费者行为，消费者通过对品牌的感知形成对品牌产品的期望，吸引消费者尝试购买和体验品牌产品。如果产品的实际感知绩效无法达到消费者期望，消费者会表现为失望状态，在行为上会转向其他品牌。反之，如果产品的实际感知绩效能够达到或超过消费者期望，消费者会产生满意或惊喜的体验，这样的评价会强化消费者的购买行为，进而产生重复购买和购买升级的行为，从品牌角度上逐渐形成品牌偏好，最后消费者成为品牌忠诚的客户。"横沥牛行"品牌发展的具体路径如图3所示。

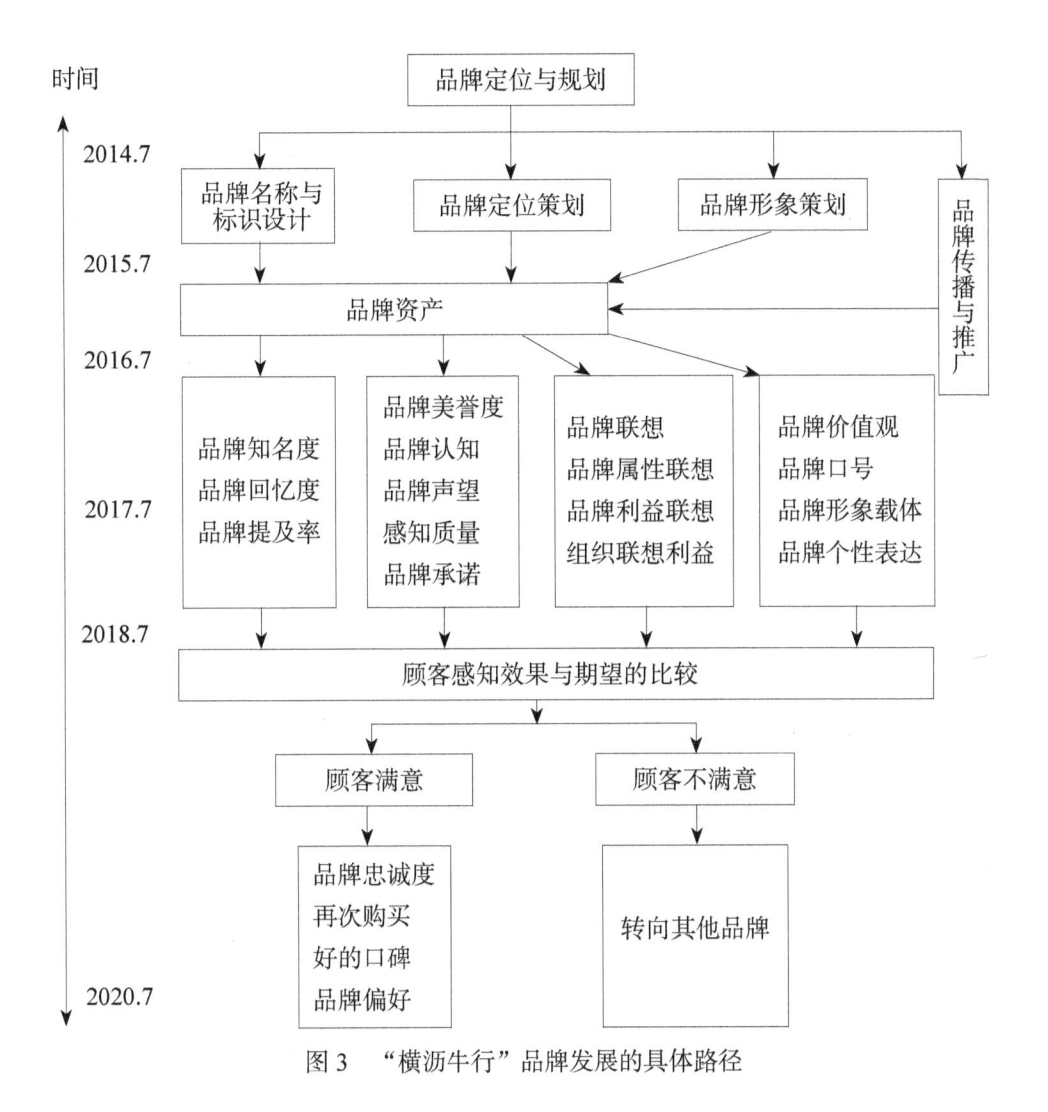

图 3 "横沥牛行"品牌发展的具体路径

三、品牌重新定位：比消费者懂得更多

问题找到了，品牌发展的思路明确了，根据百康食品整体品牌发展的蓝图，课题组从品牌的基本元素、品牌定位及品牌形象开展了策划，其中最核心的内容是对公司原有的品牌进行重新定位。良好的定位策划以顾客的需求

为出发点，找到打动消费者的"痛点"，发掘品牌的独特的销售主张（USP）。找出顾客"痛点"和产品"卖点"的结合点，就能方便找到品牌对顾客来说的"独特的价值"，即品牌的定位，它能占据目标顾客的心智，给顾客一个充分的购买公司产品的理由。品牌的定位所提供的"独特的价值"，一方面方便目标顾客区分公司产品与其他公司、市场上非品牌牛肉的不同；另一方面将品牌的价值传递给消费者，品牌诉求能更好地吸引目标顾客，满足消费者对鲜牛肉的全方位需求。

（一）品牌策划始于了解消费者的需求

为了更好了解消费者对品牌的现有认知，找到目标顾客的"痛点"，课题组在东莞城区及周边的长安、中堂、麻涌、横沥、大朗、厚街等几个镇展开了调查。调查的人群分为两个类型，第一类调查对象是购买过公司品牌牛肉的消费者；第二类调查对象是平常购买非品牌鲜牛肉的消费者。针对这两类不同的调查对象设计了不同的调查问卷，具体参考附件1和附件2。对于第一类的调查人群，在公司已设置的鲜牛肉销售直营店里，让顾客填写问卷，及时回收问卷；对于第二类的调查人群，主要集中在农贸市场的鲜牛肉档口，对购买鲜牛肉的消费者进行随机调查，了解他们对牛肉购买的情况。

此次的品牌策划调查持续了一周时间，得到了百康公司的大力支持，调查共发放了1 500份问卷，其中第一类调查对象为900份，第二类调查对象为600份。通过对回收的调查问卷的数据分析，关于消费者对公司品牌的认知、消费者购买鲜牛肉的动机等问题逐渐有了清晰的答案，为后续的品牌定位提供了充足的依据。

（二）给消费者找个购买品牌产品的理由：品质为品，形象为牌

经过前期的访谈、市场调查和资料收集整理，课题组的策划人员开始头脑风暴，运用思维导图，归纳和凝练品牌的定位概念。正所谓"品质为品，形象为牌"。品牌想要成功运营，既要有过硬品质的产品，也需要良好的品

牌形象，对于冷鲜肉类产品，没有品质做保障，品牌就是无本之木，无水之源。百康公司所销售的鲜牛肉产品是优质的产品，品质是品牌的基石。如何挖掘品牌的定位概念，使之能直击目标消费者的心理，引起他们的共鸣，是此次品牌策划的关键。

1. 确定产品的目标顾客：有舍才有得

要打动和说服消费者就要站在顾客角度想问题，第一个要回答的问题是谁是公司产品的目标消费者，他（她）们的需求是什么。通过前期消费者调查的数据分析，在对到店消费人群的调查中，22岁~50岁消费者占到被调查人数的72%，其中女性占到74%的比例。我们最终将目标市场界定为注重健康和食品安全，注重生活品质的中青年女性市场。这群消费者是家庭食物购买的决策者和执行者，她们在购买过程中更关注牛肉产品质量，追求健康的生活方式，愿意为好产品支付更高的价格。

2. 产品的定位：创造独特的价值

在对消费者购买鲜牛肉的原因进行数据整理和分析后，我们发现消费者在选择鲜牛肉产品时，影响其购买的因素如图4所示，前三位的因素是"新鲜""不打水""质量保证"分别占到56.34%、52.60%和49.06%。由此可见消费者对于品牌鲜牛肉产品更多关心的是产品的品质问题。具体分析这三个因素："不打水"是之前公司提出的品牌宣传口号，简单易懂，也深入人心，但是有些过于陈旧，易于被同行模仿；"质量保证"是消费者关注的重心，但是质量概念过于宽泛，难以形成差异性，不方便传播；"新鲜"的因素排在第一位，表明新鲜是消费者对牛肉品质判断的重要指标，新鲜的牛肉就是优质牛肉。

从冷鲜牛肉的生产过程来看，冷鲜牛肉是将活牛经过屠宰后的牛胴体迅速进行冷却排酸处理，在24小时内降为0~4℃，充分完成牛肉的"后熟"阶段，并在后续加工、运输和销售过程中始终保持低温范围内的生鲜牛肉。

冷鲜牛肉一方面经历了较充分的冷却过程，也是肉的成熟过程。这一过程一方面伴随着使肉由僵直变得柔软，持水性增强，肉质变得细嫩，口感好，滋味变得鲜美；另一方面使肉的 PH 值有所下降，显示一定的酸度，在联合冷却温度的作用下，就可有效抑制肉中有害微生物的生长繁殖，保障食用安全。冷鲜牛肉从原料检疫、屠宰、快冷分割到剔骨、包装、运输、贮藏、销售的全过程始终处于严格监控下，防止了可能的污染发生。此举不仅大大降低了初始菌数，而且由于一直处于低温下，其卫生品质显著提高。所以冷鲜牛肉从营养价值、口感、食用安全和牛肉外观上都能满足追求高品质消费者的需求如图 4 所示。

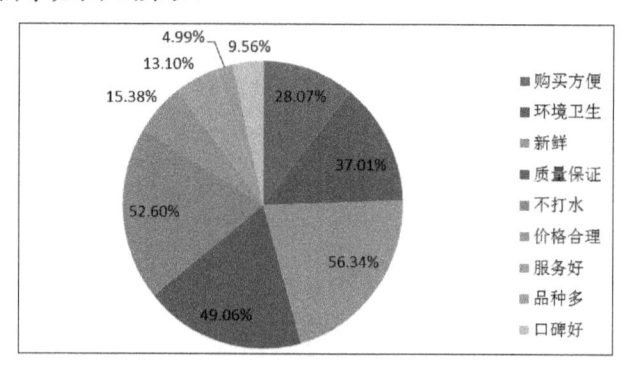

图 4　影响消费者购买鲜牛肉的原因

因此在选择产品定位上，以"新鲜"作为企业产品独特的销售主张，以"新鲜"区分与市场同类产品的差异。"新鲜"体现了"百康"肉类的优良品质，与品牌的"优质"定位高度相关。"新鲜"也与其他属性密切关联，因为"新鲜"，牛肉营养成分不流失，所以牛肉更营养；因为"新鲜"，牛肉的口感更细滑，所以牛肉更美味；因为"新鲜"，高品质牛肉能给家人带来更多健康和关爱。

3. 品牌重新定位：两个层次的思考

通过前期消费者调查，"新鲜""不打水""质量保证"等消费者在选择牛肉所关注的点都与质量相关，由此可见质量因素是消费者最关注的因素。

在了解消费者购买需求的基础上，将质量因素进行延伸，我们提出"优质"的核心概念。消费者之所以愿意花高一点的价格购买品牌牛肉，其所看重的是百康公司所提供的牛肉产品是好牛肉。"一分钱一分货"，消费者愿意为高品质的牛肉付出更高的价格。高品质的牛肉产品，解决了消费者对食品安全的担心，降低了消费者的购买风险，也是消费者选择品牌牛肉的"痛点"。之前公司提出的"绝不打水"的口号之所以成功也是基于这样的原因，"不打水"的牛肉货真价实，"不打水"的牛肉是好的牛肉。因此围绕消费者的"痛点"分析，即消费者关心产品品质，"优质"概念的提出是符合消费者需求的。

从提炼产品卖点角度，找到品牌独特的价值。"优质"概念的归纳，一方面能显示出产品的高质量，是公司产品与档口所销售的非品牌牛肉的主要区别。公司集活牛采购、定点屠宰、检验检疫、冷链配送到恒温销售的鲜牛肉产业链，在全程冷链技术的支持下，对牛肉产品质量有重要保证，也是公司产品的优质所在。"优质"能使消费者很容易区分出公司产品的独特性，给消费者传达了明确的信息，百康所销售的牛肉就是在品质上比市场上档口所销售的非品牌牛肉要更胜一筹。

在确定"优质"为核心概念的基础上，在品牌属性的界定上，从消费者生理需求和情感需求两个层面对定位概念进行延伸。在生理需求层面，消费者在选择产品时存在理性判断，寻找性价比最好的产品，最能契合他们需要的产品，消费者关注牛肉产品质量的诉求就是追求生理需求的最好反映。当我们将品牌定位于"优质"，将"优质"概念进行延伸，由"优质"概念可以延伸出相关的产品特色"新鲜""安全""营养""美味"等概念，优质的牛肉就能满足消费者生理层面的需求。

品牌作为一个符号和象征，还要满足消费者心理层面的情感需求。消费者在购买决策中除了理性判断成分，还存在着感性购买的成分，而且在信息不对称前提下，感性决策成分所占的比重可能更大。因此，在品牌定位的时候，需要将定位概念由生理层面升华到精神层面，满足消费者的情感需求。对"优质"品牌概念如何在情感需求层面进行延伸这一课题，我们想到了消费者之所以选择质量有保障的品牌牛肉，是消费者追求品质生活的一种表现。有品质的生活可以延伸出"健康""关爱""养生"的联想。购买优质的牛肉产品是追求高品质的表现，消费者们购买品牌优质牛肉是希望家人吃出健康，是自己对家人关心、关怀和关爱的体现，这样的概念能满足消费者的情感需求。经过充分的讨论，在品牌定位上我们选择"优质"作为核心卖点和吸引消费者的诉求点，通过"优质"产品联系"品质"生活，最后上升到对家人的关爱。整个品牌定位互相联系，体现了产品"卖点"和消费者"痛点"的完美结合，满足了消费者多层次的需求。

4. 品牌理念的系统思考

（1）企业使命

结合百康公司的发展目标和公司战略，我们提炼出公司的使命书。公司的使命概括为"成为牛肉制品行业领军者，运用现代科技打造优质牛肉制品生态产业链，为消费者提供更新鲜、更健康、更安全、更营养的及可追溯的高品质牛肉产品，为追求高品质的健康生活的消费者服务。"

（2）品牌的属性

在综合分析的基础上，提出了品牌的属性，从顾客的角度看品牌能给他们带来哪些利益。第一个层面是品牌功能利益，新鲜、安全、营养、放心，这是优质牛肉能够给消费者带来的功能利益。新鲜：新鲜度是高品质牛肉的主要属性和具体表现，公司牛肉从屠宰到销售，全程采用冷链技术，保持牛肉的新鲜。安全：公司销售的牛肉没有注水、经过检验、没有假冒伪劣，食用更加安全，确保健康生活。营养：高品质的牛肉产品加上冷鲜技术，确保牛肉产品营养不流失，牛肉补钙，强壮身体，增强免疫力，是消费者餐桌肉类的首选产品。放心：品牌牛肉质量有保证，可以溯源，降低消费者购买风险，认准品牌简化购买流程，既省时又省心。第二个层面是品牌情感利益，我们选择"关爱"。选择优质的食材，为家人做好一顿营养又可口的晚餐，是给家人的关爱的具体表现，选择优质的牛肉体现对家人的爱。第三个层面是自我表达利益，品牌强调追求品位。通过前期的市场调查，我们可以勾勒出目标消费者的轮廓，选择高品质品牌牛肉就是有品位生活的一部分。

（3）品牌名称的更新

好的理念需要传播，取一个易于识别又能引发消费者联想的名字是关键。接下来课题组成员开始查阅公司的历史，综合分析调查问卷的数据，针对之前所使用的"横沥牛行"品牌，分析了该品牌的优势与劣势。

经过一系列的分析及与公司高层的充分讨论，课题组决定对品牌名称进行修改，力图使新的品牌名称能反映品牌的内涵和价值观，在品牌推广过程中易于让消费者理解并引发积极的联想。在这一原则下，课题组成员连续奋战，结合之前确定的品牌定位及消费者的认知情况与偏好，确定将品牌更名为"牛尚牛"。第一个"牛"字凸显了公司的主业，公司是一家专注于鲜牛肉及牛肉制品销售的公司。"尚"与"上"同音，不仅表示上等、优质的意思，同时也基于"横沥牛行"的厚重历史。第二个"牛"字表示好的意思："牛"在现代汉语中也有"厉害、好的"这样的解读；我们常说一个人很"牛"，意思是这个人在某一领域很有能力、很优秀，引申到对物品的描述上表示东西很好；"牛"字通俗易懂，符合目标受众的理解习惯，不会产生歧义。整个品牌名称"牛尚牛"让消费者容易联想到百康销售的牛肉是牛肉中的好牛肉，也符合品牌定位中"优质"的定位属性。"牛尚牛"品牌名称要向消费者传达的是公司销售的是高品质的牛肉。

（4）品牌传播口号的设计

在确定了公司品牌名称更新后，接下来要设计品牌的传播口号。品牌口号既要体现出品牌的特征与价值观，又要方便消费者记忆，品牌感知要简单而具体。最后经过充分讨论我们将品牌口号确定为："百分百好牛肉，乐享优质生活"。

品牌口号设计的依据，"百分百"一语双关，"百分百好牛肉"告诉消费者百康出品的是优质牛肉；"百分百"也与百分百实业集团的名字契合，彰显了优质牛肉是百分百实业集团荣誉出品。前半句的宣传口号将"优质"的品牌定位淋漓尽致地展现出来。"乐享优质生活",体现了目标消费者所追求的价值观,其购买优质牛肉就是为了追求健康、优质的生活,也显示出目标消费者选择商品的品位。整个宣传口号押韵,通俗易懂,诉求明确:一方面体现了品牌功能利益的几个特点:新鲜(牛肉的新鲜度是高品质产品的主要属性和表现特征),安全(没有注水、经过检验、没有假冒伪劣,牛肉生产加工认证),营养(高品质的牛肉产品补钙,强壮身体,充沛体力,增强免疫力),放心(降低消费者购买风险,认牌购买简化购买流程)。另一方面品牌传播口号也反映了目标消费者品牌情感利益和自我表达利益。情感利益选定为"关爱"(选择优质牛肉是对家人的关爱的情感表达);自我表达利益确定为目标消费者追求高质量生活、品位生活(选择高品质品牌牛肉就是有品位生活的一部分)。

整个品牌宣传口号既突出了品牌的定位特色,也满足了消费者的物质和情感方面的需求,容易引发消费者的共鸣。

四、用心策划换来用脚投票:不但要想到还要做到

要使得品牌发挥其功能作用,吸引目标消费者,除了赋予品牌的内涵,对品牌进行重新定位,还要做的工作就是进行品牌的推广,提升品牌资产,增加消费者的满意度。要使得品牌策划的方案能够落地,取得预期的效果,需要在品牌运营的各阶段设立明确的推广目标。

(一)确定品牌推广的目标

1. 品牌知名度

品牌知名度是反映一个品牌在消费者心目中的存在情况,是对品牌名称和品牌标识能够辨识、记忆和熟悉的程度。现代整合营销传播理论强调"酒

香也怕巷子深"。要使消费者认可公司的产品及品牌，首先要让消费者知晓该品牌，品牌知名度也是品牌资产增值的基础。企业的品牌知名度的高低可以用以下指标来衡量：第一提及知名度、未提示知名度、提示知名度、品牌熟悉度。通过对消费者进行定期的市场调查，了解他们对品牌的知晓与认知情况，来调整企业品牌推广工作。

第一提及知名度，是目标市场消费者在没有任何提示下，所想到的牛肉类产品的第一个品牌。该指标的数值越高表明消费者对品牌的知晓程度越高，企业的名气越大。根据百康公司品牌规划的时间安排，在不同的推广阶段，我们将第一提及知名度确定为15%、25%和40%。未提示知名度，是目标市场消费者不需要提示能够想起的牛肉类产品的品牌。提示知名度，是目标消费者在经过提示或暗示后，可以回忆和确认的牛肉产品的品牌。品牌熟悉度，是目标消费者对品牌相关信息知晓的深度，它是在知晓品牌名称的基础上对品牌各方面信息的了解程度，诸如对品牌产品品质、服务水平、组织机构、品牌理念等的认知。衡量品牌熟悉度可以使用李克特（Likert scale）量表进行衡量，如果是5级量表该数值超过4，表示消费者对品牌非常了解。

在品牌运营的规划期内，我们将"百康"品牌知名度的目标进行了设定，如表1所示。在不同时点，通过对消费者进行品牌知名度的调查，可以及时了解品牌运作的效果。将目标管理的方法引入品牌运营，确保后期品牌运营的工作能有序展开。

表1 "百康"品牌知名度目标

指标 \ 阶段目标	第一阶段	第二阶段	第三阶段
第一提及知名度	15%	25%	40%
未提示知名度	30%	45%	60%
提示知名度	40%	70%	90%
品牌熟悉度	有所了解	比较了解	非常了解

2. 品牌美誉度

品牌美誉度是品牌获得公众信任、支持和赞许的程度，只有建立在美誉度基础上的品牌知名度才能形成真正的品牌资产。品牌美誉度的高低可以用以下指标来衡量：品牌美誉度、品牌态度、推荐程度。品牌美誉度，可以用对品牌持有积极态度的人／被调查人数×100% 的值来表示，数值越高表明消费者对品牌的评价也越高。品牌态度，通过量表的方式获取消费者对品牌的态度，包括方向和程度，消费者持积极态度程度越高，则对品牌越偏好。如果用 5 级量表对消费者的品牌态度进行衡量，数值超过 3.5 代表消费者"喜欢"某个品牌，数值超过 4 代表消费者"偏好"某个品牌，数值超过 4.5 代表消费者"信任"某个品牌。消费者对一个品牌的态度越积极，在后续行为中越可能产生选择和购买该品牌的行为。推荐程度，通过量表的方式获取消费者对品牌的好感程度，向熟人推荐的可能性越高，则反映其对品牌越支持。如果消费者在使用了某品牌的产品后产生了较高的满意度，他们就倾向于将自己使用后的感受向周围人进行推荐，就是通常我们说的"口碑效应"。"金杯银杯不如消费者的口碑"，正是口碑效应的生动反映。

在百康公司的品牌策划中，我们也按照品牌运营不同的阶段在品牌美誉度上确定了相应的指标，具体如表 2 所示。

表 2　品牌美誉度目标

阶段目标 指标	第一阶段	第二阶段	第三阶段
品牌美誉度	50%	75%	90%
品牌态度	3.5（5级量表）	4	4.5
推荐程度	3（5级量表）	3.5	4

3. 品牌联想

品牌联想是指提及某一品牌时消费者在大脑中能够呈现出的与该品牌有

关的信息，包括品牌属性、品牌诉求、品牌特点、品牌情感、使用情景等内容。品牌联想的数量、内容越多，品牌意义越丰富。品牌联想的独特性是指消费者听到品牌后的第一联系，或前三位联想到的品牌概念是什么。比如说宝洁的洗发水品牌海飞丝，消费者第一感觉会联想到"去屑"的概念，表明海飞丝品牌的定位清晰，品牌定位深深植入消费者心中。品牌联想的有利性，让消费者联想到对他们有积极效用的属性，积极程度越高，品牌联想的情况越好。积极的品牌联想是通过品牌传播使得消费者清楚知道品牌的定位及特色，由此能够联想到产品的属性，再由属性联想到品牌能够给他们带来的利益，引发消费者情感的共鸣。

根据前期我们对"百康"品牌定位，在后续的品牌传播中希望消费者能引发"优质"牛肉的联想，将与"优质"相关属性、利益与品牌之间建立联系，引发消费者积极联想。在此基础上我们也确定了品牌联想各个层次的内容，具体如表3所示。

表3 品牌各层次的联想

品牌联想的层次	联想的内容
品牌属性联想	新鲜、营养、美味
品牌利益联想	安全、放心、健康、品质
品牌情感联想	对家人关爱、品味
组织联想	信赖、实力、责任

4. 品牌忠诚度

品牌忠诚度是品牌资产的核心要素，拥有忠诚的顾客人群意味着竞争壁垒高、高的盈利空间以及抵制恶性价格竞争的障碍小。品牌忠诚度的高低可以用以下指标来衡量，包括顾客满意度、重复购买的比率、重复购买的次数、消费者愿意支付的溢价。

消费者对于品牌的忠诚首先是基于对产品的满意，产品本身能比竞争对手更好地满足消费者的需求，能给消费者带来更大的利益满足，形成购买该品牌产品的习惯，进而演进为情感上对品牌的偏好和依赖。顾客满意度是顾客对需求或期望已被满足的程度的感受。满意度越高，越偏好该品牌，越容易形成品牌忠诚。消费者愿意支付的溢价，指消费者与同类产品相比愿意为本品牌多支付货币的程度；该指标值越高，表明消费者越依赖品牌的商品。消费者的品牌忠诚度越高，企业即能获取更多的品牌溢价。重复购买的比率，是消费者基于满意度重复购买品牌产品的程度，是消费者品牌忠诚度的行为表现，是消费者对品牌的偏好与信任转化成重复购买的行为的表现。重复购买率越高，能给企业带来更多的销售机会，增加盈利的空间。重复购买的次数，直接反映消费者对品牌的喜欢和信赖。品牌忠诚度越高，重复购买的频率就越高。

　　百康公司在品牌忠诚度运营各个阶段的目标设定如表4所示。通过品牌的运营，提供给消费者高品质的牛肉产品，建立高的品牌满意度，进而在重复购买率，购买频率方面促进产品的销售，实现有利于企业量价齐升的市场表现。

表4　品牌忠诚度的目标

阶段目标 指标	第一阶段	第二阶段	第三阶段
顾客满意度	80%	90%	95%
重复购买率	70%	80%	90%
重复购买次数（周/次）	1	3	4
消费者愿意支付的溢价	10%	15%	20%

（二）实施提升品牌形象的营销活动

　　要实现上述的品牌运作目标，需要扎实推动品牌的推广，作为一个系统工程，需要在营销组合的各个层面开展相关的活动。

1. 产品溯源与查询,建立消费者对品牌的信任

为了建立消费者对"牛尚牛"品牌的信任,充分保证产品的品质特征,突出新鲜的品牌定位,建议公司建立完整的全产业链,将源头采购,全产业链加工,冷链技术,全过程质量管理提升到公司管理的核心地位,以确保牛肉产品的高品质。在此基础上,实施全过程产品溯源,建立鲜牛肉产品溯源体系,以二维条码和数码混合的方式体现——在生产过程进行赋码,通过监管码记录每件产品的生产日期、批号及活牛来源、质检报告等生产相关信息,使用数据库进行储存。出入库时将监管码激活,并上传到监管平台;在流通过程中通过扫描、电话、录入监管码方式查询生产日期、保质期、商品真伪等信息,方便供消费者进行查询,增加消费者对品牌的信任度。消费者可以在终端随时用手机扫码了解所购买牛肉产品的生产情况,降低购买风险。

在终端环节实施知识营销,通过直营店的宣传海报、小册子、软文等方式,帮助消费者建立牛肉选择的标准,突出"牛尚牛"的牛肉产品是消费者选择的理想产品。如果消费者是牛肉购买的外行,通过以上知识营销,让消费者成为内行。如果消费者是牛肉购买的内行,让消费者相信"牛尚牛"是最好的,能满足消费者对高品质牛肉的需求。

2. 设计品牌形象载体,提升品牌形象

(1)产品形象

"牛尚牛"所供应的牛肉产品色泽新鲜,有光泽,红色均匀,气味纯正、新鲜牛肉表面微干或微湿润,不粘手,富有弹性,从视觉、嗅觉和触觉等感官上给消费者高大上的感觉,产品本身就是提升品牌形象最直接的证据。在此基础上强化牛肉产品生产的体系认证、产品认证及证明、品牌承诺。在终端店内,产品统一用纸袋包装,包装上打有品牌的 logo 及宣传口号,突出与档口销售的牛肉产品的差别。增加消费者购买和消费的服务,如店内提供免费的打包与切割服务,介绍牛肉的烹饪知识,传播牛肉产品的保存及食用

的相关方法等。

（2）人员形象

所有直营店的销售人员上岗前都需要经过统一培训，在服务态度、服务技能、语言和行为形成规范，并统一销售人员的着装。消费者通过与企业一线员工的接触与互动，能够更具体地感知品牌形象，人员这一载体能帮助消费者进一步了解和感知品牌内涵。

（3）店铺形象

在店面的装修上，统一形象，突出品牌形象，将品牌口号在显著位置做展示。店铺内干净卫生，配有冷藏/冻陈列柜，能让牛肉在销售过程中始终保持新鲜的特征。店铺四周配有图片说明，将品牌和产品的信息进行更多展示，配合灯光、陈列，给消费者带来更好的购买体验。

（三）立体式的品牌传播与推广

制定整合营销传播计划，实施立体品牌传播策略，从线上和线下进行品牌的传播。设计和实施媒体计划、传播内容计划、组织实施计划。配合公司业务发展与扩张计划。先覆盖东莞地区，再延伸到广东地区，逐渐覆盖重点地区，最后大规模向全国推广。充分利用公司现有的直营店终端渠道，在终端直营店的店面、店内张贴海报、发放宣传册。

稳步进行直营店的布点与扩张，扩大市场份额，覆盖更多的消费市场。在条件成熟时，利用品牌和产品资源进行市场扩张，通过特许经营和连锁经营等方式进行产品市场覆盖。与大型商超建立合作伙伴关系，利用商超平台渠道，扩大品牌的影响力，让更多消费者有机会接触企业产品及品牌。

公司设立会员制度，成立会员俱乐部，开展与顾客的深入交流，通过策划与组织诸如"开放日"、公益活动、体验活动等促销活动，加深顾客对公司品牌的理解，展现品牌的价值理念。通过与消费者的互动，加强消费者对品牌的情感依赖，培养品牌忠诚度。

建立忠诚客户奖励计划。对顾客进行分级管理，通过实施积分奖励制度，对顾客进行回馈与奖励，强化顾客积极的购买行为。通过对重点客户的奖励，锁定忠诚顾客，并将忠诚客户的基数逐渐做大。

在做好线下品牌推广活动的同时，顺应当前互联网特别是移动互联网的发展，注重通过新兴的自媒体进行品牌推广。通过公司原有的网站进行品牌宣传及产品展示，利用现有流量较大的平台进行品牌传播和销售，在淘宝上开设天猫店。

建立顾客资料库，收集顾客购买信息，为实施顾客分级管理和忠诚客户奖励计划打好基础。通过对数据深层挖掘了解消费者的购买偏好，对顾客实施定制化营销，有针对性地提供附加服务，促进顾客向忠诚客户的转化。

配合直营店的扩张，利用百度等平台，开展软文营销、优化搜索引擎、百度竞价等方式，提高重点地区品牌的曝光度。充分利用微博、微信、论坛等网络自媒体进行人际传播，扩大品牌的知名度和影响力。

（四）品牌运营的成果

截至2015年，百康公司基本以一周增加一家直营店的速度在东莞市场进行扩张，在所开拓的市场上凭借过硬的产品品质、差异化的经营及品牌的推广，逐渐赢得了当地消费者的认同。公司目标消费者对公司产品的认同率不断提高，在已开发的市场上改变了消费者购买鲜牛肉产品的习惯，使品牌要素成为消费者选择牛肉产品考虑的重要因素。现在公司的销售市场也逐渐从东莞扩展到广州、佛山、中山、深圳等城市，年销售额过亿。

五、策划的感悟——路漫漫其修远兮

（一）品牌运营在冷鲜肉类行业大有可为

作为中国消费者餐桌上重要的食物之一，在计划经济年代，肉制品是短缺的，消费者的需求层次低，总体上需求是同质化的，冷鲜肉类购买的决策没有品牌的概念。以中国最主要的消费肉类——猪肉为例，2017年全国年生猪存栏量接近4亿头，猪肉年产量达5 500万吨左右，随着近年来人们生活水平不断提高，猪肉消费也发生着由追求数量到追求质量的改变。消费者越来越关心猪肉的肉质、营养、健康、品牌等因素，表现在需求端消费者对猪肉品质需求不断提升，然而在供给端却不时曝出肉类的食品安全、掺杂使假等问题。供需结构上的矛盾，客观上使消费者需要找到一种能简单识别和判断肉类产品品质的方法，品牌正是帮助消费者降低购买风险，获取其所需产品的重要判断依据。

　　近些年冷鲜肉类的品牌化运营发展很快，也诞生了一些全国性的知名品牌，但在生产与销售冷鲜肉类产品的卖方数量上进行对比，实施品牌营销的企业占比较少。特别是在一些二线、三线中小城市，消费者更多还是购买非品牌的肉类产品，原因是品牌肉类产品的供应数量较少。参考国外发达国家冷鲜肉类发展的经验，品牌化运营是行业发展的趋势，也是企业做大做强的必要之选。以猪肉为例，我国作为拥有7 000余年养猪历史的农业大国，按照500头以上为规模化猪场的官方标准，2016年规模化猪场占比50%，另外一半为年出栏500头以下的散户。而在规模化猪场中，上市公司不到50家，占比不到10%。对比养殖业发达的国家，美国年出栏1亿头猪，只需要2万个生产单位，平均一个生产单位都在5 000头以上。作为美国排名第一的猪肉生产商，史密斯菲尔德食品公司是全球规模最大的生猪生产商及猪肉供应商。这家公司拥有近6万名员工，年销售额过100亿美元。公司的经营范围覆盖从养殖到屠宰加工、销售的全产业链。在品牌运营方面，公司也十分重视将品牌做成全球知名的品牌。对于冷鲜肉行业，中国的企业还有很长一段路要走，特别是在品牌运营方面，如何将品牌理论及品牌运营的技巧运用到企业的营销实践中，是非常值得研究的问题。品牌运营在冷鲜肉类行业方兴未艾。

　　笔者这些年接触的业内公司，许多公司的营销管理人员也开始意识到品牌对公司营销的意义，迫切需要从品牌理论层面去指导品牌运作实务。

通过参与百康公司的品牌策划与品牌咨询，笔者再一次感受到企业在经营过程中对建立和运营品牌的需求。品牌是企业扩大市场迫切需要解决的问题，成功的品牌运营成为企业竞争优势的重要组成部分。在企业实施品牌运营的活动后，我们欣喜地看到品牌运营给企业营销带来的良好效果，看到消费者对品牌从陌生到了解，从认知到喜爱，从尝试到重复购买的转变。品牌给企业带来了效益，给消费者带来了需求的满足，是一个买卖双方共赢的结果。我们相信未来将有越来越多的企业在行业中实施品牌营销。品牌运营是行业发展的必然趋势。

（二）洞悉需求是品牌运营成功的钥匙

成功的品牌具有较高的知名度，良好的市场口碑，能引发消费者积极的联想，能给企业带来销量和利润。这些都是品牌对公司的作用，是品牌对公司的价值所在。品牌作为一种重要的无形资产，品牌价值不仅体现在品牌形成与发展过程中所投入的各类资源上，也体现在品牌能否为企业带来更高的溢价和未来稳定的收益上，以及能否满足消费者功能和情感的需求。影响一个品牌运营的要素有很多，包括企业的品牌意识、投入的资源、所采用的推广策略、能将品牌策略落地的营销活动等。所有的一切品牌策划及品牌运营的活动都需要围绕目标顾客的需求展开。目标顾客的需求是打开品牌运营这把锁的钥匙。

品牌如何能让消费者对其印象深刻，品牌如何能展现与众不同，品牌如何能引发消费者对品牌的情感共鸣，是企业在品牌运营中遇到的共性问题。从传播的角度来说，要解决三个问题，即要告诉消费者我是谁？我能做什么？为什么要选择我？所有的答案取决于对消费者需求的研究——消费者将给出以上这些问题的答案。

我是谁？消费者要从众多的同类产品中识别出公司的产品，一个响亮而易于引发积极联想的品牌名称和品牌标识就显得十分重要。品牌的最原始功能是帮助消费者进行同类产品的区分。哪个品牌名称能凸显品牌的独一无二，符合消费者的认知习惯，方便人际传播和记忆，能突出品牌的内涵，品牌才能推而广之，立足长久。

我能做什么？品牌的定位要从顾客的视角找到"痛点"，为目标消费者找到"独特的价值"，能够解决他们遇到的需求问题。在百康公司前期的品牌策划中，公司提出了"绝不打水"的宣传口号得到了消费者的认同，这个宣传口号很简单但是很有效，它直接解决了消费者当时所面临的问题，他们对市场上注水牛肉的担心，害怕买到品质差的产品。公司当时的宣传口号，就告诉消费者公司直营店销售的牛肉就是好牛肉，要买到货真价实的好牛肉就认准公司的品牌进行购买。在进行品牌定位时，要充分考虑消费者的需求，发现他们面临的现实和潜在的问题，就能找到产品和品牌的差异性，找到品牌对于消费者的价值所在。

消费者为什么要选择我？消费者的需求可以分为生理需求和精神需求。能够比竞争对手更好满足消费者需求的品牌方能在竞争中胜出。因此品牌策划中需要给品牌注入能吸引消费者价值利益的元素，它包括功能价值和情感价值。功能价值来自产品本身的属性所能够给消费者带来的效用和生理满足，情感价值满足了消费者精神的需求，品牌需要满足消费者的多层次需求。在百康公司的品牌策划中，我们突出了"新鲜"的概念，满足了消费者对优质产品的需求，同时提出了"关爱"的概念——选择一份好品质的牛肉是对家人爱的表达，从而引发消费者的情感共鸣。

（三）品牌运营需要内外兼修

品牌，特别是知名品牌在市场开拓和销售上的作用逐渐成为冷鲜肉类行业人士的共识，对于今天正准备创立品牌或者品牌属于初创阶段的企业来说，与其"临渊羡鱼，不如退而结网"。

品牌是需要神形兼备的。神是品牌的内涵，是品牌的价值观，真正吸引消费者的东西，能给产品带来核心竞争优势，网络的流行语"一直被模仿，

"从未被超越"指的就是这种品牌的精神。竞争对手可以模仿我的产品功能和形式，但是无法模仿产品后面的精神和价值观，这种价值观是独一无二的。比如知名的手机品牌"苹果"（Apple），其品牌对于"苹果"迷来说，"苹果"的标识和名称就有这种魔力，让消费者对其产品趋之若鹜，甚至产生膜拜，正是这种品牌的内涵对目标消费者产生着强大的吸引力。品牌需要自己的品牌精神和价值观。品牌的创立是一个长期而系统的工程，知名品牌都是在持续的营销活动、在与消费者长期的互动中，不断积累其价值的。任何试图用"打鸡血"的方式来快速积累品牌资产的方案都只能带来一时的名声在外，很难在消费者心目中真正占据一席之地。因此，品牌必须具有自己独特的价值观，并且要让消费者理解这些价值观。

从传播的角度来说，故事往往比道理更容易打动消费者，更有助于品牌价值观的传播。品牌创立过程中，企业要善于挖掘和整理自己的品牌故事，好的品牌故事让消费者印象深刻，记忆犹新。1985年，海尔集团（时称青岛电冰箱总厂）的张瑞敏派人把库房里的400多台冰箱全部检查了一遍，发现共有76台存在各种各样的缺陷。张瑞敏把职工们叫到车间，问大家怎么办，多数人提出，也不影响使用，便宜点儿处理给职工算了。当时一台冰箱的价格800多元，相当于一名职工两年的收入，而且冰箱在那个物资短缺的年代是紧俏商品，哪怕是有瑕疵的冰箱在市场上也不愁销路。张瑞敏告诉员工，今天企业要是将这76台有质量问题的冰箱投放到市场，明天就可能再出现760台存在质量问题的冰箱。他宣布，这些冰箱要全部砸掉，并且要求一线的生产工人当着全厂职工的面把自己生产的冰箱砸掉，随后带头抡起大锤亲手砸下第一锤。当时很多员工一边砸自己亲手生产的冰箱一边流下了眼泪。这个场景给所有的海尔人上了生动的一课。三年以后海尔人拿回了中国冰箱行业的第一个国家质量金奖。海尔"砸冰箱"的故事也让消费者了解到海尔集团对有质量问题的产品是"零容忍"的态度，"海尔"两个字是企业对消费者质量的承诺，让消费者买得放心，用得安心。他山之石可以攻玉，在冷鲜肉行业的品牌创立过程中，品牌故事可以帮助消费者更好地了解品牌的属性和价值观，值得企业好好挖掘。

品牌的形是品牌运营的基础。没有有形的产品及附加的服务，品牌就是无本之木，无水之源。公司营销的产品所拥有的特定属性是品牌与消费者互动关系的起点。在冷鲜肉类行业消费者通过这些外在的属性来认识品牌，肉类的颜色、气味、弹性、包装物、陈列的环境，以及所接受的服务这些要素帮助消费者形成对一个肉类品牌的印象。产品属性就好像我们被另一个人的外貌特征所吸引一样，虽然具有吸引力的产品属性只停留在对品牌了解的表面，但是它帮助消费者留意到品牌，是消费者了解该品牌的起点。要让消费者形成对品牌的偏好，甚至是情感依赖，在品牌背后企业需要做大量的营销工作，保证品牌宣传中所承诺的利益能够兑现。

在百康公司的品牌策划中，品牌选择了"新鲜"的品牌定位。在活牛的采购环节严格把关，杜绝注水牛肉进入公司的采购渠道，在屠宰、运输和销售过程中全程采用冷链技术，最大可能保持牛肉的新鲜度。在一系列工作的背后，保证了消费者最后拿到手的牛肉是高品质的牛肉。品牌就是在消费者与公司的持续接触和互动中形成了美誉度。

记得在做顾客回访的时候，店内的一位阿姨告诉笔者，在百康公司的直营店买牛肉，环境好，牛肉新鲜，没有打水，也不用担心缺斤短两的问题，现在买牛肉已经习惯到店里来购买。一回生二回熟，店内的营业员已经知道一些老主顾的购买习惯。一分耕耘一分收获，品牌做到内外兼修，就能充分发挥品牌的作用，为销售插上翅膀。

（四）始于了解顾客需求，终于满足顾客需求

顾客的需求研究值得再一次强调，品牌的策划与运营都需要在洞察顾客需求的情况下开展。顾客的"痛点"在哪里？顾客从哪里获得品牌的信息？顾客对哪些促销刺激感兴趣？要回答这一系列问题，都需要从顾客身上寻找答案。在百康公司的品牌策划中，我们广泛走访了东莞市及周边各个镇的鲜牛肉销售市场，通过问卷调查了众多消费者，了解他们的现实需求和潜在需求，

这为后来整个策划方案的成功奠定了坚实的基础。笔者的一个深刻感触是，品牌策划在动脑之前，需要迈开脚，走到消费者中间，听取和了解他们的想法和心声，这是一个品牌运营成功的前提。在品牌的运营过程中，需要与时俱进，品牌推广的目标和活动可能会发生变化，但不变的是在品牌运营过程中需要坚持以顾客需求为导向。

在这里我们借鉴质量管理中 PDCA 循环的管理工具，不断提高品牌运营的水平，增加品牌资产。策划阶段 P（Plan），该阶段品牌运营要通过市场调查、顾客访问等，了解目标顾客对品牌的需求以帮助公司确定品牌的基本元素、品牌内涵、品牌运营各阶段的目标及品牌运营的规划。这个阶段所确定的品牌运营目标要尽可能地量化，符合企业的实际情况。执行阶段 D（Do），该阶段根据品牌策划的内容与确定的目标，设计具体的实现品牌目标的营销策略，制定品牌运营的实施方案，并投入人力、物力和财力保证方案的落地。检查阶段 C（Check），该阶段要评估前一阶段品牌运营的效果，找出实现运营目标与计划目标的差距，总结成功的经验，找出品牌运营过程中存在的问题，分析原因并及时对品牌运营活动进行总结。调整阶段 A（Action），对总结和检查的结果进行处理，继续执行成功的品牌运营策略和方案。对于效果不理想的方案要及时分析原因，找到产生问题的根源所在，对品牌运营的目标或方案进行及时的调整。对于没有解决的问题，应提交给下一个 PDCA 循环中去解决。以上四个阶段不是运行一次就结束，而是周而复始地进行，一个循环完了，解决一些问题，未解决的问题进入下一个循环，通过不断地完善和进步，推动公司的品牌运营不断向前发展，最终实现品牌的目标，增加品牌的价值。

顾客满意度是品牌运营成功的关键要素，也是品牌运营要追求的结果。满意的顾客会重复购买公司的产品，转化成品牌的忠诚顾客。在对品牌的态度上，由偏好变成忠诚。忠诚的客户形成了对品牌产品的购买习惯，品牌与顾客间的关系营销随之建立起来，顾客重复购买的行为将为企业带来源源不断的利润。品牌忠诚的客户还会为品牌说好话，将品牌的信息在朋友、同事、邻居等群体中进行传播。消费者一次满意的购买经历可能是在社交场合中一个聊天的话题，这也让自己无形中为品牌或者企业打了一个广告，让不知道的人知道这个品牌，并对它产生好感。好感很多时候是一个人认识新品牌的先行条件。国外的研究表明，一个对品牌满意的顾客可能会引发八笔潜在的交易，这种基于熟人间信任关系的品牌传播比广告的效果要好很多。关键品牌的口碑效应还是免费的，重要的是企业要让消费者满意，让他们信任公司的品牌。品牌忠诚的顾客视品牌为第一选择，会为产品的完善建言献策，对企业完善自己产品和营销组合提供重要的决策依据。

　　品牌发展的理想蓝图是企业通过研究和发掘顾客的需求，找到消费者需求的"痛点"。企业结合自己产品及经营过程的分析，确定出品牌的定位，将"独特的价值"品牌主张，凝结成品牌推广口号，通过消费者接触的媒介进行品牌的传播，逐渐在目标市场提升品牌的知名度。在这一过程中，企业的产品和服务能匹配品牌定位，兑现品牌宣传口号的承诺，品牌真正满足消费者的需求，就会形成高的品牌美誉度。在与品牌的持续接触过程中，消费者变得对品牌更加熟悉，逐渐在情感上形成对品牌的偏好，在行为上转变为对品牌的忠诚。

　　品牌的运营绝非一朝一夕之功，需要持续投入与运营才能增加品牌的价值，在这一过程中消费者需求的概念是品牌运营者需要谨记在心的。品牌的运营以顾客为中心，开始于了解顾客需求，终止于满足顾客需求。"了解""满足"顾客，在这一过程中企业才可以获取品牌运营带来的收益。

案例六
内蒙古科尔沁牛

一、公司简介

内蒙古科尔沁牛业股份有限公司于 2002 年 6 月在内蒙古通辽市成立，位于北纬 42°～45°黄金畜牧带上，这里气候温暖、降水充沛、水草丰腴，是牛群自由生长的地方，素有"中国草原肉牛之都"的称号。科尔沁牛业依托独特的地理环境与得天独厚的自然优势，培育出了独有的以瑞士西门塔尔牛为父本、内蒙古黄牛为母本，营养、肥美的优质草原族群——科尔沁肉牛。自此科尔沁牛业用现代草原人的方式，守护家乡传承千百年的味道。内蒙古科尔沁牛业股份有限公司是以肉食品加工为龙头，辅以绿色饲料加工、畜牧产品研制开发以及生物制剂、医药原料、草原生态建设为基础的股份制企业。公司拥有工程技术人员 50 余人，其中含国家级专家 6 人。公司总占地面积 150 万平方米，建筑面积 15 万余平方米，拥有种植基地和草场 12 万亩，育肥牛存栏 1.2 万头。本公司下属分子公司 35 家，从事肉类加工、畜禽养殖、良种繁育、绿色饲料开发、牛业生物研究、产品销售等工作。

部分荣誉：2002 年 9 月，公司"科尔沁 KERCHIN"商标被认定为内蒙古自治区著名商标；2002 年至今，公司连续被认定为农业产业化国家重点龙头企业；2003 年 8 月，公司通过了"HACCP 食品安全预防性控制体系的第三方认证"；2005 年 1 月，公司被国家民委、国家财政部、中国人民银行联合认定为清真食品定点加工企业；2005 年 10 月，公司被评为国家级优秀龙头企业；2005 年 12 月，公司"科尔沁"品牌被国家工商总局认定为"中国驰名商标"；2007 年 9 月，公司生产的科尔沁牌鲜冻分割牛肉被国家质量监督检验检疫总局认定为"中国名牌产品"；2007 年 11 月，公司通过了 ISO14001：2004 环境管理体系认证，获得由中国检验认证集团有限公司质量认证颁发的证书；2010 年 8 月，公司获得有机肉牛和有机牛肉产品认证证书；2013 年 8 月，公司生产的科尔沁牌冷冻鲜牛肉、风干牛肉产品被内蒙古自治区农牧业厅评为"内蒙古名优特产品"；2014 年 6 月，公司被中国肉类协会评为"2014 中国肉类食品行业强势企业"；2016 年 9 月，公司被授予世界肉类组织铜牌会员；2018 年 5 月，通辽市人民政府授予公司"通辽市市长质量奖"

荣誉称号；2019 年 9 月公司被评为"内蒙古民营企业 100 强"第 38 位。

二、科尔沁牛业生产经营特点

优质的黄牛品种、无污染的绿色饲料、规模化的育肥牛基地、充足健康的牛源、健全的防疫体系、全程保证的绿色产品等特点的实现在有效保证食品安全的同时，降低了生产成本以及提高产品竞争力，形成科尔沁独有的可实现、可持续发展的生产经营优势。

1. 优质的黄牛品种

科尔沁草原是内蒙古重要的玉米种植区，也是世界公认的黄牛养殖区。通辽市作为国家较早的黄牛改良基地，经过近 50 年的品种改良，目前基本上实现了西门塔尔牛的良种化，且改良率达到 98% 以上，具备了实现优质牛种产业化的条件。与其他品种的肉牛相比，西门塔尔牛不但育肥效果好，屠宰净肉率高，而且肉质鲜嫩，品质较好，是目前生产优质高档牛肉的首选品牌之一。

2. 无污染的绿色饲料

在牛产业链中饲料是保证牛肉品质的一个重要环节。公司现有内蒙古通辽珠日河万亩紫花苜蓿种植，内蒙古通辽舍伯吐两万亩青贮玉米种植，内蒙古通辽北甘旗万亩柳枝稷牧草种植等基地。种植基地引进了美国大叶紫花苜蓿、高产柳、柳枝稷牧草和高产玉米等优良品种。拥有大型进口农机设备和节水灌溉设备。公司种植基地不仅为肉牛养殖提供了真正意义上的绿色饲料，也改善了当地荒漠化、半荒漠化的环境。肉牛养殖业发展，实现饲料产业化是保证绿色产品的源头，同时赋予生态作物与经济作物的双重兼用功能。目前，公司着力发展纯天然无污染的优质牧草和绿色饲料，除已拥有多项国内先进水平的专利技术的饲料品种外，以肉牛养殖饲料开发为主的多项高新绿色饲料正在实施中。为解决绿色饲料问题，公司还与农户签订饲料地，通过订单，用合同和法律的形式把化肥和农药控制起来，收购时进一步实地检验，保证饲料的绿色源头。

3. 规模化的育肥牛基地

为保证绿色牛源，育肥牛基地建设是牛产业链的另一个重要环节。目前，科尔沁牛业公司已建有通辽市宝龙山、吉林长岭和河南南阳三个大型标准化自有育肥牛基地，年出栏肉牛可达 3 万头。在建项目有通辽市希伯花、西蒙屯两个大型标准化育肥牛基地，预计年出栏肉牛 4 万余头。每个育肥牛场的牛从进入基地起，就配有自己独一无二的科尔沁牛识别标识，其年龄、性别、体重、防疫、饲养等信息均有动态记录，以备查验，并与当地育肥牛大户签订购销合同，进行配给饲料、回收产品、饲养技术跟踪和疫病防治服务，企业与农户形成了良好的经济合作关系。集约化育肥场同时还可以起到再次净化和疾病防治功效。

4. 充足的健康牛源

通辽市能繁母牛存栏 125.7 万头，年存栏肉牛总量 253.9 万头，年出栏 90 万头。公司除自建大型育肥牛场外，还在通辽市政府的支持下在七个旗、县、区培育和发展了年出栏 1 000 头以上的养牛大户 139 户；年出栏 500 头以上的养牛大户 200 户；年出栏 100 头以上的养牛户 500 户；年出栏 50 头以下的养牛户 1 300 户。全市农牧民通过养牛，人均年增收占牧业人均纯收入的 35%。公司对养牛户制定养牛制度，并派出专业人员指导、监督饲养工作，要求各养殖户必须饲养科尔沁肉牛优良品种，严格按防疫规定按时防疫、驱虫，禁止使用有药残的药品及激素类的饲料，并且做好饲养记录等。

5. 健全的防疫体系

通辽地区采取三级防疫的全面覆盖体系，即乡镇、动检为第一级防疫；旗县兽医、动检为第二级防疫；省、市兽医动检为第三级防疫。

在具体工作中，重点在每年春、秋两季疫病容易发生的时候采取大规模的集中防疫，针对动物易感的疫病采取强制预防免疫的措施，控制和杜绝疫病的发生，并做到逐头佩戴耳标，建档立卡，详细记载相关信息，实现从源头控制的目标。

同时,通辽市政府为保障西门塔尔牛产地优势,向加工企业提供充足牛源,提供专项资金。在通辽地区内批准建立牛的无规定疫病区(即牛生长环境中,无国家规定疫病发生的清洁区),这样为我公司质量安全控制体系的建立提供了良好的基础。

6. 全程保证的绿色产品

牛肉产业化程度很高,科尔沁牛业公司积极向肉制品加工的源头产业和下游产业拉伸,扩展产业链条,把繁育、养殖、加工、储运、销售等环节有机结合,形成相互支持、优势互补、整体控制的绿色产业链条,充分利用资源优势,通过绿色饲料、绿色牛源生产绿色产品,创办绿色品牌。公司作为现代化的大型绿色产业企业,把加强生态建设与转变农牧业生产经营方式和增加农牧民收入紧密结合,目前已经形成龙头企业的综合带动作用,并联结起一连串新的经济增长点。

三、产品概况

产品理念——品牌牛肉,品质生活

科尔沁牛肉具有以下特点。

(1)新鲜:在全程PLC体系的严格控制下,各生产环节严格按照欧盟标准确保产品的新鲜度,并具有先进的气调包装工艺,很大程度保持了产品的新和鲜。

(2)细嫩:优良的西门塔尔牛本身就具有肉质细嫩的特色,另外科学的育肥体系,先进的排酸工艺以及科学的屠宰、分割技术和工艺,均有效提升了肉质的细嫩程度,使科尔沁牛肉具有易煮好熟、入口鲜嫩的突出特点。

(3)良好的脂肪沉积:科尔沁育肥饲料的科学配制以及精心的育肥过

程，使科尔沁牛肉具有良好的脂肪沉积，保持了牛肉的纯正口味，入口鲜嫩多汁、肉香四溢。

科尔沁牛肉有以下系列产品其明细如表1所示。

（1）冷鲜牛肉系列——采用国际先进的包装技术，很大程度保持了产品的新鲜度。

（2）冷冻牛肉系列——使用真空热缩包装，延长产品保质时间，保证产品的质量稳定。

（3）速冻小包装产品及深加工调理产品——采用低温速冻技术，防止产品水分流失，保障产品的营养不流失。

（4）科尔沁熟食牛肉系列——是传统制作技术与现代工艺的有效融合，完整保存牛肉丰富营养的同时更降低牛肉中的水分和脂肪。

表1 科尔沁牛业主要产品明细表

产品分类	产品名称
肥牛	冷冻一号肥牛、二号肥牛、三号肥牛、惠宜肥牛380g、惠宜肥牛225g、大众肥牛创片1.0、冷冻精修肥牛板、速冻肥牛块、科尔沁牛肉片、牛肉片（OLE专供）
牛排	主厨系列：主厨系列黑椒菲力、沙朗牛排、奥尔良牛排、黑椒牛仔骨；蓝标系列：蓝标系列黑椒牛排、原味牛排、牛肉料
副产品	裸装：市场用牛舌、牛百叶、牛蹄筋、牛肝、牛心；工业类大包装：肉油、胸口油、牛肝、牛蹄；小包装类：牛舌、金钱肚、牛百叶、CA+骨髓、牛蹄筋、炖汤牛骨、牛肉串（清香原味）、调理牛肉、麻辣牛柳
冷冻牛肉	国产：冷冻精修上脑、冷冻精修牛尾、牛脊、一号肥牛、前腱子、去骨腹肉、去骨眼肉、霖肉、冷冻带骨眼肉（不带里脊）；进口：乌合勒冷冻精修牛头肉、巴西742厂冷冻牛腩、金戈铁马、牛气冲天、风干牛肉至尊样礼、风干牛肉600g礼品盒、牛肉料礼品盒、金牛颂福礼品盒、草原祥礼礼品盒、牧场臻品礼盒、雪花一品礼盒、科尔沁牛肉大礼包
冷鲜牛肉	国产：冷鲜普修S里脊、眼肉芯、金钱展、冷鲜去骨腹肉、冷鲜精修肋条、冷鲜气调科尔沁腱子切片、牛腩块、牛肉丁、牛尾段、牛肉丝、牛肉块；进口：巴西942厂冷鲜牛腿肉、澳洲普修上脑、澳洲普修霖肉、冷鲜气调牛肉片、冷鲜气调上脑切块

四、生产线与现代管理模式

经过几年的运作，科尔沁牛业公司在硬件上已搭建成高标准的平台，在软件上已拥有现代企业的管理模式。科尔沁牛业作为国内新兴的肉类加工企业，在硬件与软件上与国内同行业相比，具有以下无可比拟的优越性。

1. 现代化的屠宰生产线

通辽市甘旗卡加工厂年屠宰量10万头，产肉2万吨，工厂的生产线完全符合欧盟食品卫生标准，技术和装备已达到世界先进水平。为了保证产品的质量与卫生，公司建立了HACCP食品安全质量控制体系。同时，还对欧洲国家最先进的技术和软件系统逐项进行研究，集中引进家畜自动跟踪、自动分级、真空自动收集输送以及生产加工PLC全程控制四大系统；采用卧式放血、水平输送系统、排酸技术等先进工艺。2012年公司对通辽市甘旗卡加工厂进行了改扩建，在现有年屠宰10万头加工生产线基础上，新建排酸间、冷库、分割车间、深加工车间等，并引进了先进的智能化剔骨分割包装生产线。2007年，公司在河南省南阳新野建成一座集肉牛养殖、屠宰加工为一体的大型工厂，年屠宰量10万头，产肉2万吨。公司正在通辽市科左中旗建设科尔沁牛业产业园区。园区由法国贝尔多公司设计，具有生产及生活一体化的综合性能。公司新增一条屠宰加工生产线及肉制品生产线，屠宰线年屠宰10万头，产肉2万吨，并新建两个万头肉牛养殖基地和一个万头母牛繁育基地，每个基地都建有标准化牛舍，场区内设有进场隔离区、出场检疫饲养区、粗精饲料区、饲料加工厂、兽医防治区等区域；各区域间划分科学、明确，人流、物流清晰。育肥牛生产车间配套现代化大型饲喂设施，计划生产能力为年出栏育肥牛4万头。现在公司总体生产规模达到年屠宰肉牛30万头，生产冷鲜、冷冻肉6万吨。

2. 有效的管理体系

除拥有先进的技术和设备之外，公司的管理水平也与世界接轨。公司聘请了来自德国和澳大利亚的专家做工厂管理及技术指导人员，严格推行美国农业部食品安全控制办法，即HACCP产品质量控制体系，强化产品卫生检验与质量保障。公司是我国首家通过牛肉HACCP第三方认证的企业，确保各类牛肉产品食品安全和质量卫生。HACCP食品安全质量控制系统包括了下列两项内容，如图1所示。

（1）HACCP四个关键控制点：宰前检疫、胴体修整、排酸、金属探测。

（2）国家兽医卫生检验（肉品品质检验）：宰前检疫、宰后检验。具体如下：①宰前检疫：检验证件是否齐全，证物是否相符，动静观察，保证加工产品的品质；②宰后检验：法定检验岗位，分别对头、内脏（肠、胃、心、肝、肺）及胴体的检验，保证胴体肉质卫生安全。

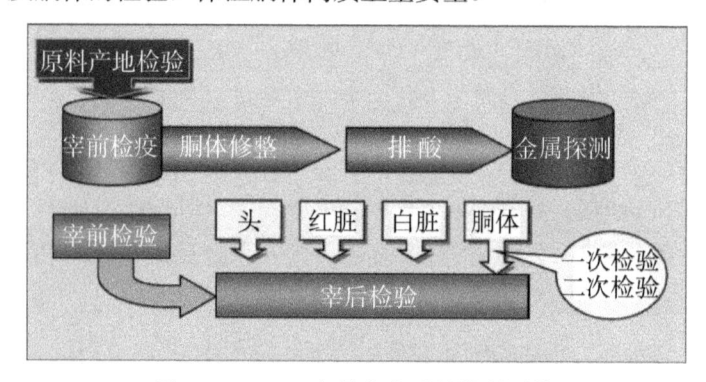

图1　HACCP产品安全质量控制系统

为了尽快实现在国际市场上形成产品出口规模，建立和规范与国际接轨的食品安全检测体系已势在必行。为此，公司已在甘旗卡建设"肉类检疫检验技术中心"，以便合理调节冷鲜肉保质、保鲜期短与批次检疫往返时间长的矛盾，缩短产品出口周期，以取得良好经济效益。

综上所述，公司的肉食品加工已经拥有世界上最先进的冷鲜牛肉生产线，符合欧洲许多国家对肉类加工的生产卫生标准，达到世界肉类行业的生产标准。同时，公司采纳了先进的食品加工技术和严格的质量管理体系，达到国内一流、国际先进的水平，力争产品做到零缺陷，奉献给每一位消费者一份健康。

五、科尔沁牛业营销渠道环境分析

（一）宏观环境分析

1. 政治环境

根据国家目前出台的产业政策，结合畜牧业的发展规划，选择生态环境良好的养牛地区，加快发展优质肉牛，争取在短期内形成较大规模的肉牛产业带，这会对农牧民收入的稳步增长做出较大贡献，是一项非常有益的事业。从农业部出台的相关畜牧业政策来看，我国将加大力度去建设畜牧业基础设施，进一步加强对农民发展畜牧业的扶持力度，争取在较短的时间内将畜牧业发展成为一个规模较大的产业，这对于粮食和其他农副产品的转化有很大的帮助，也能在一定程度上带动种植业和相关产业的发展。此外，农业部针对畜禽良种繁殖、防病防治还出台了更有效、力度更大的政策，建立了技术推广体系的服务机制，加快了我国畜禽的良种繁育功能，确保了畜禽产品的质量安全，提高了畜牧业的生产水平，带动了粮食生产与畜牧业的共同发展[1]。

2. 经济社会环境

我国是肉类生产和消费大国，肉类食品行业已逐步成为关系到国计民生的重要产业，对促进农牧业生产、发展农村经济、增加农民收入、繁荣城乡市场、保障消费者身体健康和扩大外贸出口增长发挥着日益重要的作用。内

---

[1] 吴欢华. 科尔沁产品江西市场营销策略分析 [D]. 南昌，南昌大学，2014.

蒙古拥有广阔的养殖草场，丰富的畜牧资源，可为牛肉制品提供充足的原料，牛肉产品产量逐年增加。

3. 行业环境

我国开启社会主义现代化建设模式，在一个比较长的时间内经济将保持持续增长，人民生活水平大幅度改善，目前在这方面仍然保持世界领先地位。这种宏观局势为肉类食品行业的持续发展创造了良好的机遇。肉类制品的加工现在已纳入生产许可管理的范围，全国各地正在对肉类制品企业进行改造和整顿，为其健康持续发展保驾护航。

（1）消费者环境

根据我国消费群体肉类消费的特点，长期以来的饮食习惯及各地区的习俗差异，可以发现人们普遍以猪肉、禽肉为主。因此，尽管牛肉的需求量在逐年增长，但人们对牛肉的消费需求还没有被充分调动。据统计，我国牛肉人均消费量还未达到 10 公斤 / 年。从我国近几年的牛肉消费市场来看，高档牛肉市场已经被进口牛肉占据，虽然进口牛肉价格相对偏高，但多数中、高端酒店及西餐厅在牛肉的选择上仍然倾向于进口的高档牛肉，国内生产的牛肉就只能在一般商店或卖场销售了，即使国内生产的牛肉在满足国内居民消费口味方面不比国外牛肉差，但是种种原因导致销售差异。众所周知，卖场不一样，产品定位的人群也不一样，会直接影响产品的销售量和销售价格，也会对企业的利润空间产生很大影响。目前，对美国、新西兰等国家的牛肉进入国内市场的门槛比较低，这就促使更多的外国牛肉进入我们中国市场，根据供需理论，国内市场对牛肉的需求空间是有限的，而供给却在不断增加，这势必会再次展开牛肉市场竞争的价格战。

（2）原材料供应

对于牛肉加工行业来说，原材料的供应主要是指对肉牛的供给，即为牛肉加工企业提供牛源。就我国目前的肉牛饲养模式来看，主要可以分为两种模式：第一种是"公司＋农户"的饲养模式，即由公司为农户提供幼牛以及饲养防疫的技术指导工作，待农户将这些幼牛饲养成肉牛后，公司再进行收购；第二种是最传统的草原畜牧（科尔沁公司目前主要采取的饲养模式）。采取这种饲养模式，就必须将牛源分布在非发达地区。众所周知，牛是食草动物，缺少食物的供应就难以生存下去。我们主要依靠草地和秸秆饲养模式，可这种饲养模式有一个弊端——可以饲养的肉牛规模较大，但牛肉的产出不理想，这样长期下去，就会导致牧民们的投入资源很大，收获却甚少，进一步加速了牧民的贫困化，使其生活水平降低。

虽然我国牛肉加工技术水平不如国外，但是我国所饲养的肉牛的质量较好，因为我国的肉牛主要是以牧区放牧和农户养殖为主，对肉牛的喂养主要是以豆类、草等绿色植物为主。随着较为严重的环境污染国际化、食品不安全事件频繁出现，众多消费者开始对产品提出更高要求，更加注重产品是否绿色和健康。在这种较为恶劣的环境下，国际牛肉供应商纷纷寻找可靠的牛源以满足消费者的需求。由于我国长期坚持这种绿色饲养的模式，受到了国际牛肉供应商的青睐。

（3）替代品

猪肉。在肉类加工行业，科尔沁牛业公司的牛肉产品面临的替代产品主要来自两个方面：一是猪肉的供应；二是禽肉的供应。根据我国居民长期以来对肉类的消费倾向，最为普遍的肉类消费产品是猪肉，其在整个肉类产品中的消费比例最高，主要原因在于我国生猪的饲养规模较大且品种资源丰富。此外，还有一个优势就是养猪的成本较低，销售价格较低。在食品行业发展的历程中，我国猪肉的市场销售价格都是远远低于牛肉的。虽然随着市场的波动，我国的猪肉价格有时大幅度提高，但从全国范围的销售情况来看，其价格依旧无法跟牛肉相比，并且相差甚远。

众所周知，世界第一养猪大国就是中国，我国每年的猪肉产出量都远远高于世界其他国家。目前我国的四川、重庆等 11 个省市区是猪肉产量较大的地区，随着我国畜牧业生产结构的调整，居民消费意识的增强，以及对肉类消费品种的调整，我国的肉类消费结构正处于一个整体的调整期，使整个肉类加工行业的结构发生了较大改变，猪肉生产占肉类总产量的比重下降。但猪肉总产量和消费总量仍然处于上升趋势，这与我国居民一直以来的生活习惯密不可分。

禽肉。最近几年，消费者对禽肉的需求在不断增加，全国各种肉类产量变化趋势如图2所示。禽肉每年以高于19.2%的速度增长。究其家禽肉的消费不断增加的原因不外乎两个方面。一是随着人们生活水平的提高，人们的健康问题却愈发严峻。目前在中老年人群中，最为常见的病症就是三高问题（高血糖、高血压、高血脂），这些病症普遍促使消费者需要对高脂肪、高胆固醇含量较为丰富的红肉摄入量加以节制。换句话说，就是城市居民应该节制红肉的消费，更多去食用以高蛋白、低脂肪、低胆固醇为主的白肉，主要就是禽肉的消费。二是我国家禽业自身的发展速度较快，且该行业的技术较为领先，现在已经培育出生长速度较快，饲养报酬高的优良家禽品种。

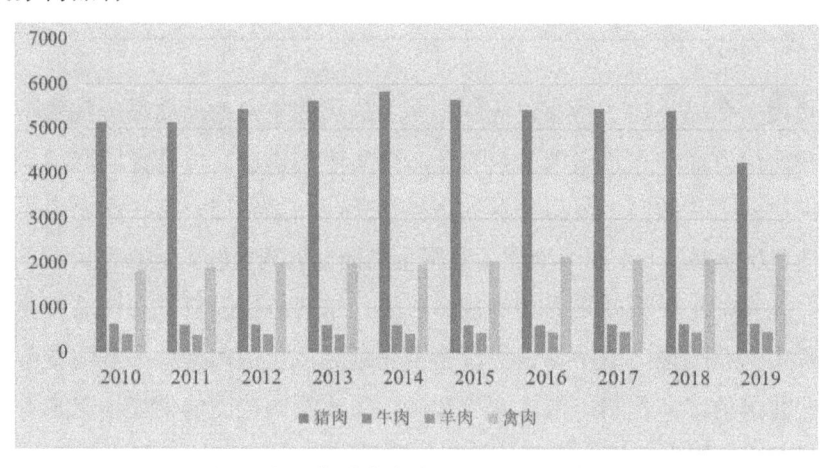

图2　全国各种肉类产量变化趋势示意图

4. 法律环境

（1）无公害畜产品生产标准

为了确保畜产品生产的安全性，中国分别对畜牧业生产养殖标准、产地环境标准、饲料生产标准、卫生防疫工作、防治养殖污染等方面做出了一系列规定。在生产养殖方面，颁布了《无公害畜禽肉产品安全要求》，对肉类产品的生产环节制定了明确的行业标准。

（2）绿色畜产品标准体系

绿色食品的生产过程遵循了可持续发展观，对土壤、水源、大气等生产要素提出了严格的环保限定，按照特定的生产方式，其产品得到了国家有关机构的专门认定，并许可使用无污染、无公害绿色食品标志。需要特别说明的是，绿色食品不仅包括蔬菜水果，还包括畜禽肉类食品，畜禽肉类食品的养殖和安全卫生条件也有明确标准，即针对中国畜产品的绿色食品认证标准：《绿色食品——动物卫生准则》《绿色食品——兽药使用准则》。

（3）ISO 国际标准

随着经济全球化的深入推进，对外贸易的广度和深度逐步扩大，要想展开畜产品的对外贸易，则必须遵守 ISO 国家标准的认证。ISO9000 标准与肉类质量管理是肉类食品企业获得国际市场准入的基本条件，必须根据国际标准进行程序化的质量管理，以客户的满意度为动力，不断改善畜产品的质量。

随着可持续发展观念的增强，环境保护意识的提高，国际上对生产过程的环境保护和对无公害产品、绿色食品的需求也越来越高。出于保护生态环境和健康饮食的考虑，国际上制定了 ISO1400 系列标准和 ISO14000 环境体系管理标准，是重要的国际市场准入条件，产品在国际上获得绿色认证必须要通过这一关的质量审核。它主要是对产品生产过程的每个阶段进行环境影响审核和评估，在生产的过程中减少污染物的排放，积极推广新能源新技术，开发了绿色产品，减少对环境的破坏。

（4）国际食品法典

国际食品法典包含了几乎所有的食品和食品原材料加工使用标准，同时还包括了生产安全卫生条件等方面的国际通用条款和标准。因此，国际食品法典也自然成了世界贸易组织在仲裁国际食品贸易安全卫生争端的法律依据。目前，我国在按照国际标准全面推行食品安全体系——HACCP的过程中遇到了困境。原因是我国的食品行业市场准入门槛很低，许多小作坊里生产出来的产品也能顺利进入市场。也就是说，假设我国在市场上全面推行HACCP，那么这些小作坊小企业将无法继续生存。因此，在我国HACCP只是一个第三方评价体系，还不是国家统一要求的认证标准。不过，科尔沁牛业公司已经在其内部建立了这样一套标准并于2001年通过认证。公司不仅是2008年北京奥运会牛肉供应商，而且还是广州亚运会牛肉供应商、深圳大运会牛肉供应商。

5. 社会文化环境

有购买欲望同时又有支付能力的人是市场的重要组成部分，社会人口的多少直接影响市场的潜在容量。不同地区的人的文化传统、价值观、宗教信仰、社会结构、教育水平不同。内蒙古地区与东部沿海地区相比属于落后省份，人文素质相对低于这些地区。近年来，随着西部大开发战略的实施，内蒙古地区经济发展，人文素质不断提高，对各种牛肉产品的需求快速增加。

（二）微观环境分析

微观环境分析就是对企业内部的优势、劣势与外部的机会、威胁等因素进行分析，它能有效地将企业的内部资源与外部市场有机结合在一起，然后制定相应的策略。对科尔沁牛业的微观环境分析如表2所示。

表 2　科尔沁牛业 SWOT 分析表

优势（Strength）	劣势(Weakness)
◎科尔沁牛业具有价格优势 ◎科尔沁牛肉是真正的天然绿色食品 ◎内蒙古通辽天然草场辽阔而宽广，植物丰富，饲用价值高，适口性强 ◎当地有丰富的农作物秸秆	◎黄牛存栏量剧减，制约牛肉生产发展 ◎专用肉牛品种缺乏，个体生产性能和肉质提升缓慢 ◎饲养管理方式粗放，经济效益低下 ◎屠宰、加工和流通环节方面的技术制约
机会(Opportunities)	威胁(Threats)
◎肉牛繁殖体系正在逐步完善，品种培育得到重视，品种结构正在优化 ◎国家正在培育和健全畜牧业的产业化组织体系 ◎随着经济的快速发展，牛肉市场需求旺盛 ◎国家鼓励牛肉出口，建立了一套产前、产中、产后的质量监督管理认证体系，逐渐与国际惯例接轨	◎牛肉产品市场同质化现象严重，体现不出产品优势特点 ◎国际金融危机造成购买力下降 ◎自然灾害与疫病的发生 ◎强势竞争者的进入，迅速占领市场 ◎国际市场对进口中国牛肉产品的信心有所下降 ◎政府投资力度小，缺乏导向性资金

通过 SWOT 分析表可以看出，科尔沁牛业具有天然的地区优势，这些优势是提升科尔沁牛业竞争力的特有因素，而科尔沁牛业的劣势也存在于其他竞争者企业当中。目前，科尔沁牛业微观环境下的优势大于劣势。科尔沁牛业的外部机会对于企业的发展是非常有利的，随着肉牛品种结构的优化和国家的有力政策，科尔沁牛业必然会扩大企业规模，形成新的利润增长点。威胁是每一个企业都会面临的问题，科尔沁牛业正处在增长时期。

六、科尔沁牛业营销策略

（一）产品策略

1. 产品组合策略

众所周知，对于肉食品来讲，消费者最关注的莫过于安全和美味。因此，传播要点就应该是安全和健康，营养和美味。针对产品而言，其是市场营销组合的一个核心环节，科尔沁牛业公司在对其产品进行推广的同时，也应该向消费者提供一些附加的服务，这样才有助于产品的销售。具体来说，每种产品都应该包含其自身的核心利益、产品的基本形式、期望产品、附加产品和潜在产品。针对食品而言，其自身的核心利益就是营养健康，附加产品就是企业自身对产品的核心卖点，即与同质产品的差异化。科尔沁牛肉一直在强调绿色环保、口味、包装，这无形之中突出了产品自身的亮点，吸引了消费者的眼球。在如今这个竞争激烈的市场上，随着技术的不断更新及工艺流程的不断细化，同行业企业生产的产品已经在质量上没有多大差异，这就要求企业在产品的附加价值上多下功夫，增加产品的核心卖点。科尔沁牛业公司目前所重点生产的产品是高中档冷鲜分割牛肉产品，该产品在市场上的竞争比较激烈。

2. 产品包装策略

科尔沁牛业公司在对产品的包装设计上，考虑到了食品本身的特性和肉牛的供应商来源，主打"鲜美"和"绿色"。在产品的外包装上印有肉牛的原样和辽阔的草原，但该产品采用真空冷冻干燥技术，产品易吸潮变质。因此，产品包装应采用真空铝箔包装，既能避免产品变质，延长产品保质期，又能保持产品独特的口感。同时，避免过度包装造成浪费。在包装材料的选择上，公司既要考虑到包装成本价格，又要考虑到环境因素，选用可降解、无公害材料，便于废弃物回收分解，避免废弃物对环境造成污染。产品包装应着重强调绿色与健康之间的关系。此外产品的包装也遵循了行业的标准，标明了生产日期、保质期等相关基础信息，还着重备注了产品的营养成分及相关技术。这些信息将有利于消费者辨别商品的质量，提升消费者对产品的认可，促使本公司的高档休闲食品进入中高端市场。

（二）价格策略

合理的定价将有利于产品的销售，可以不断扩大产品的市场占有率和增长率，提高产品自身的竞争力，确保企业的经营利润。目前科尔沁牛业公司在江西市场主打的是中高端市场，较其他同行业的食品而言，价格稍微偏高。公司在产品的生产过程中，工艺精细、原材料可靠、包装精美，这为消费者提供了消费的保证。科尔沁牛业公司拥有自己的牧场、生产车间，且加工的技术设备都是引进国外最先进的，这无形之中提高了企业的生产成本。因此，科尔沁结合自身的产品质量、加工成本、市场需求及竞争者情况综合考虑，采取了较为科学合理的定价方法，为消费者提供了价格合理、质量有保障的产品，进而确保企业的利润空间。

1. 对生鲜冷冻牛肉产品的定价

该产品对环境的要求较高，尤其是温度的要求。因此，需要花费的成本较大。针对此类产品，采取竞争导向定价法，产品价格以同行业竞争企业价格为基准，受市场行情影响，根据市场和竞争对手情况及时调整价格。

2. 对于休闲食品及牛肉礼品盒的定价

科尔沁牛业公司目前所推广的休闲食品有：牛板筋、香辣牛肉粒、风干牛肉干等；牛肉礼品盒有：有机牛肉、草原尚品、中国红等。这些产品需要用到较高端的真空冷冻设备，生产的成本较高。因此，公司在制定产品价格的时候，考虑到产品的成本与市场需求情况，定价采用成本导向定价法和需求导向定价法相结合的方式。

3. 对牛副产品及加工产品的定价

科尔沁牛业公司的牛副产品及加工产品，在生产工艺及设备上都比较领先，面对消费者对产品不同的嗜好需求。公司将肉牛进行部位分割，及时满足消费者的需求。但这类产品还处于起步阶段，同行业的企业涉及的产品种类不多，竞争压力较小，公司可以利用这一机遇，抢占市场的份额。针对这类产品，公司可以灵活调整产品价格，形成一定的价格优势。

此外，针对科尔沁牛业产品的经销商、渠道商等，可以采用现金折扣、数量折扣、返点的定价策略。针对现金折扣，需要在规定的时间内付清全额，可以享受公司推出的现金折扣优惠。一般情况下，公司规定在一个月内还清全额；数量折扣是为了促使经销商大量购买，并给予一定的价格优惠，如购买整箱休闲食品，单价享受9折优惠等；返点是科尔沁牛业公司为了提高经销商的积极性，快速抢占市场先机，增加经销商提货量，还定期举办促销活动，经销商在规定时间内完成销售任务，给予一定的现金或货物返还点。

（三）渠道策略

"得渠道者得天下"，渠道是企业的命脉。当企业高举着"产品战、价格战、品牌战"等大旗杀得热火朝天时，一直暗藏着的渠道竞争也正式浮出水面，开始了新的一轮厮杀。随着市场消费者特征（消费者行为的差异性和多元化性）的不断变化，肉食品市场销售渠道和零售终端日益呈现多元化的趋势，主要销售渠道包括：①以超市、大卖场为代表的新型零售业态；②以副食商场、菜市场和批发市场为代表的传统零售业态；③以高档社区牛肉专卖店为特色的服务型零售业态；④重点大客户：餐饮酒店、肉制品加工厂等。

科尔沁牛业在市场中诞生，也在市场中成长，市场的不断开发是公司持续发展的重要法宝，也是其实施产业化经营的重要前提。科尔沁牛业在不断摸索中形成了具有自身特色的营销体系，在做好牛肉食品精深加工、延长产业链的同时，进一步完善了市场设计和策划机制，有计划地开发和占领市场，建立健全了国际国内销售渠道。

1. 国际销售网络

国际市场方面：科尔沁牛业主要采用经销商的营销模式，主要与美国、德国、俄罗斯、日本、马来西亚、中东等30多个国家和地区建立了经常性的业务往来。"科尔沁"品牌肥牛以其体大、味美、产肉多等诸多优点和大草原天然无污染"绿色食品"等优势条件,赢得了国外客商的青睐,在俄罗斯和中东地区以及东南亚地区享有盛誉。

2. 国内分销体系

国内市场方面:科尔沁牛业采用多种营销渠道模式,包括在大卖场和超级市场进行售卖,寻找一些经销商与批发商进行分销渠道营销,建立自己的牛肉销售专营店。

(1)现代渠道。现代渠道完成的不仅仅是产品的销售,还有产品的展示。与传统渠道的商品小卖店相比,现代渠道主要包括大卖场、超级市场、网络等。一般情况下,现代渠道的市场管理水平和办公自动化程度都较高,实行的是集中式、计算机化管理,所有分店统一采购、统一配销、统一结算。基于强大的资金实力和财务杠杆的能力,现代渠道以其巨大的产品吞吐量为广大生产厂商所瞩目。另外,这种大商场、大超市往往具有客流量大且集中的特点,这样就会形成免费的广告效应。科尔沁牛业加大了对这一渠道的投入,不但增加了牛肉产品销量,还对自己的产品品牌进行了有力的宣传。

(2)常规渠道。在相当长的一段时间内,常规渠道仍然是科尔沁牛肉产品销售的主要渠道。牛肉产品常规渠道的成员包括经销商、批发商,以及一些餐饮店等。企业通过分区域、分渠道的方式覆盖了小店、餐饮等终端店,形成了完整的销售网络。

(3)特通渠道。随着竞争的加剧,传统渠道对于科尔沁牛肉产品来说面临着两大难题:第一是开发费用越来越高,大型商场、超市收取的陈列费用逐年提高;第二是收效越来越差,各大品牌在卖场超市短兵相接,各类促销活动已经让消费者产生"审美疲劳",而且企业之间在价格上互相挤压,使产品的利润逐年下滑。传统渠道的弊端越来越多,所以科尔沁牛业也逐渐把注意力放在特通渠道方面。

这些渠道模式在大力推出"科尔沁"品牌的同时,大力倡导冷鲜肉概念,提升肉食品消费观念,促进人们从吃冷冻肉到吃冷鲜肉的生活品质的鲜明跨越。公司以呼和浩特、北京、上海、哈尔滨、长春、沈阳、广州、重庆、成都等大中城市为中心逐步建立了销售机构并向外延扩展。

3.终端连锁及物流配送

公司还采用直接创办终端连锁店及与国内外大型超市建立稳定购销关系的方式，通过自建或利用第三方物流配送系统，选定部分大城市构建网络营销体系，拓展市场。

通过牢固的销售网点和通畅的销售网络，"科尔沁"品牌牛肉已深入人心。现在科尔沁牛业产品不仅为中国百姓奉上一份安全绿色的牛肉食品，在国际市场上也争回了应得的市场份额。

七、总结归纳

为什么科尔沁牛肉会被世界认可，成为北京奥运会、广州亚运会等赛事的牛肉供应商？为什么科尔沁牛肉会通过国家有关部门的有机认证，近年来的销售业绩呈现出爆发式增长态势？科尔沁牛业成功案例可以从以下几点来诠释。

（一）地理位置布局合理，有利于长期规模扩张

众所周知，由于活牛运输成本以及饲料运输成本大、损耗大的原因，国际上领先的牛肉企业一般都位于大的牛源产出与粮食生产区，科尔沁牛业最主要的优势之一就是拥有位于世界著名草原之一"科尔沁草原"的4 000万亩天然畜牧场。这里地处北纬42°～45°，温和的气候，充沛的阳光、雨水，水草丰美，牧场优良，生长植物1 600余种，其中可作为优质牧草的有900余种，是科尔沁牛、西门塔尔牛最理想的繁育基地。

（二）国际领先的技术水平，从同质化竞争圈中跳出

抓住消费"痛点"，做细节创新，在市场竞争的差异化中"亮"自己

的"剑",做自己的品牌是成功抓住消费者的可取之路。科尔沁牛业真正将对品质的追求做到极致,不仅在牛源的绿色品质上下功夫,还有让人们信服的质量保证体系。(1)科尔沁牛业公司拥有国内数一数二的屠宰加工能力,通辽市甘旗卡加工厂年屠宰量10万头,产肉20 000吨,且科尔沁牛业的生产流程由德国设计,符合欧盟相关标准,技术和装备已达到世界先进水平,确保产品的质量与安全。(2)科尔沁牛业引进的产品追溯系统、自动分级系统、真空自动收集输送系统、胴体喷淋灭菌等生产管理和质量控制技术,解决了在冷鲜牛肉储藏、运输、售卖等方面的技术难题,保证了把科尔沁冷鲜牛肉安全送到全国各地、千家万户。同时,公司还重点研究了牛肉的零售包装技术,并在国内市场上推出了牛肉气调包装产品。经过五年的市场开发和培育,目前科尔沁牛肉气调包装产品正以每年100%的速度增长。

(三)规模化、产业化养殖,有效补充市场供应,提高抗拒风险能力

目前,科尔沁牛业公司已建有通辽市宝龙山、吉林长岭和河南南阳三个大型标准化自有育肥牛基地,年出栏30 000头。在建项目有通辽市希伯花、西蒙屯两个大型标准化育肥牛基地,预计年出栏40 000多头。规模化、产业化活牛养殖可以集中出栏,不会造成出栏量大幅波动,能够在一定程度上降低价格波动风险。另外,产业结构调整,向产业链上下游延伸,由养殖进而向下延伸至屠宰、加工、自有品牌产品销售;向上延伸至饲料生产、原材料采购加工、繁育等环节,能够有效控制成本、提升边际效益、提高利润率,从而持续加强企业竞争力,抵御价格波动风险,使科尔沁牛肉价格保持稳定。除此之外,科尔沁牛业每个育肥牛场的牛只从入场起,都有自己独一无二的科尔沁牛识别标识,其年龄、性别、体重、防疫、饲养、屠宰日期、生产商等信息,均有动态记录,以备查验。牛的"身世"一目了然,什么环节出现问题可以准确锁定并迅速做出反应。

（四）行业公认的领导品牌与市场营销能力

公司拥有著名的科尔沁品牌和驰名的科尔沁商标，2008年成为北京奥运会牛肉供应商，2010年又成为广州亚运会牛肉供应商，随后又取得了全国唯一一家有机牛肉生产商标认定。完善的营销渠道网络，使科尔沁的冷鲜牛肉成为全国销售价最高的产品，高附加值的产品销往国内各大宾馆、饭店、超市，并出口俄罗斯、以色列等国家和地区。科尔沁龙头企业与规模育肥场及养牛户相结合，实行"三结合、三让利"，与养牛户形成利益共同体，使肉牛产业链利益分配均衡化[1]。

公司遵循市场经济规律，依托政府和科研机构，选用现代高新技术，利用本地农牧业资源优势，结合本地区创建绿色工业城市发展战略和肉牛产业发展规划的要求，通过信息经济和知识经济手段、资本运营等形式，使企业形成了紧密型、链条式的规模发展，逐步创新发展成为专业化、国际化、现代化的大型绿色产业集团。科尔沁牛业的发展，利用了其良好的区位优势和资源优势，并将其资源进行整合转成竞争优势，从而成为内蒙古肉牛业的一大经济亮点[2]。

肉牛行业竞争格局如表3和表4所示，展现国内肉牛行业目前的竞争现状，包括长春皓月、大连雪龙、福成五丰、秦宝牧业、科尔沁牛业。综合来看，科尔沁牛业规模领先、布局合理、长期战略明确，是国内肉牛行业品牌的领跑者。

---

[1] 李和,王风勤,董应臣.科尔沁龙头企业带动新野现代肉牛全链产业化发展[A].中国畜牧业协会牛业分会.《第六届中国牛业发展大会》论文集[C].中国畜牧业协会牛业分会：中国畜牧业协会,2011:3.

[2] 李彦.内蒙古肉牛业发展对策研究[D].呼和浩特：内蒙古师范大学,2005.

表 3 肉牛行业竞争格局

公司名称	长春皓月	大连雪龙	福成五丰	秦宝牧业	科尔沁牛业	备注
特点	起步早，规模大，走得远，企业文化独特，深不可测	拥有"雪龙"品种和高端路线牛，品种走高端路线	最早上市的公司，资金充裕业务分散，缺乏专注。牛肉只占总收入一半，且毛利率仅1%	依托秦川牛，繁育改良，起步较晚偏安西北，区域优势明显，但同时发展限制也大	依托科尔沁草原和科尔沁牛，具有领先的品牌、育种、生产和饲养能力，营销策略性布局东北（内蒙古）和中原（南阳），占据国内主要牛源，未来将形成合力	科尔沁牛业综合实力排名第一
资产规模	资产15.8亿，注册资本1亿，拥有土地8～10平方公里，但产权结构非常复杂，历史遗留问题和法律问题很多	注册资本5 800多万元，饲养加工一条龙企业，农业示范基地占地1 212亩	资产总额约6亿，涉及牛羊养殖，屠宰，奶制品加工，食品加工等	占地180亩，建筑面积1万6千多平方米	4.6亿，650亩育肥基地，108万亩草场	科尔沁牛业资产规模较大，产权清晰，行业专注性强
销售额	号称百亿，实际估计不足5亿，产能利用率很低，处于亏损线以下	约3亿	约5亿，其中牛肉约2.6亿	约2亿	4亿多	科尔沁牛业销售量业内第一，实际屠宰量第一
企业品牌产品定位	国家龙头企业，中国名牌，产品中端偏低	省级龙头企业，高端定位，号称每公斤价2 000元	国家龙头企业中低端	国家龙头企业	国家龙头企业，中国名牌，2008年奥运会指定供应商，产品中高档	科尔沁牛业营销能力认第一公共在业内
销售网络	200多个经销商，经销批发为主，在东北市场份额稳定，并进入全国各主要城市，出口至17个国家，在中东有较大市场	以经销商为主，有意建立直销模式			经销与直销结合，拥有行业内最强营销能力，渠道建设好，品牌营销能力强	科尔沁牛业商超渠道内透领先于竞争对手

- 151 -

表4 国内肉牛行业目前竞争现状

公司名称	长春皓月	大连雪龙	福成五丰	秦宝牧业	科尔沁牛业	备注
屠宰线水平	德国进口流水线，世界先进水平，屠宰能力约30万头，实际屠宰量估计不足5万头	屠宰能力3万头，实际屠宰量估计不足1万头	屠宰能力4万头	德国进口流水线，屠宰能力10万头，实际屠宰量不详	德国进口流水线，年屠宰能力20万头，实际屠宰量约6万头（包括南阳）	德国进口设备，均为欧洲进口设备，除福成外，投入后均不分伯仲
养殖育肥设施	基本没有	存栏规模一万头，农户饲养6个月后收回，公司自养周期较长（12~18个月）	占地600多亩，存栏量约4万头	80个小型育肥场，存栏量达3万头	650亩育肥基地，目前育肥牛约3 000多头，栏量约11 000头，计划扩充至存栏2万头，年出栏4~5万头	未来的竞争主要在于牛源的建设与争夺。科尔沁牛业在这一块准备充分，投入最大
牛源供应	以收购为主，比较被动	公司+基地+农户，自养为主	公司+基地+农户	公司+基地+农户	公司+基地+农户，占据两大牛源地，布局将在未来展现	国际上大的牛肉公司都处于主要粮食产区。科尔沁位于中国的主要牛源区和产粮区，区位优势也最明显，有长期大规模发展的基础
饲料供应	位于产粮基地，饲料供应比较充足	位于产粮基地，饲料供应比较充足	位于河北，饲料供应有一定限制	位于陕西，非主要粮食产带，饲料供应受限	外于主要产粮区，饲料供应充沛	
资本运作	资产状况极其复杂，清理难度很大，硬伤不少，2009年无亏损，上市无望，只能寻求海外上市	优势资本，基金有投资，正在募集第三轮。老牛募集资本，硬伤多，上市无望	A股上市，目前PE约20倍，正筹备资产重组	今年报材料	公司体现较强的管理能力，主要问题是缺乏流动资金目前正筹划管理层股权激励，并通过资本运作筹划上市	科尔沁牛业目前在资本运作上刚起步，但由于经营管理好，资产质量高，已经具备A股上市潜力，将有较快发展

- 152 -

案例七
得利斯

一、公司简介

　　山东得利斯食品股份有限公司（以下简称"得利斯"），它是以肉类食品生产加工销售为主的大型食品企业。公司主营业务包括进口生猪、水产养殖、肉制品生产加工、粮油以及进口食品加工、生物科技、检验技术检测、物流出口贸易等。得利斯一直坚持"增强国人体魄，提高民族素质"的企业宗旨，致力于达到"改善大众饮食营养，攀登肉食科学高峰"的终极目标。得利斯由此从一个名不见经传的小型村办集体企业，快速发展转型成一个拥有一家外资上市实业公司、62家全资子公司、4大企业生产研发基地、10个社区营销服务中心、200多个街道办事处、全国20 000多家企业终端销售网点的大型民营企业集团。现得利斯拥有在职员工6500多人，总固定资产规模达68亿元。得利斯通过共同搭建中国畜牧产业科技技术平台、农业生产科技技术平台、食品科技技术平台、生物科技技术平台四大畜牧产业科技平台，从而在猪的主要品种、喂食所用饲料、肉制品生产工艺、相关饲料产品的研发等方面，打造从饲料源头到国际餐桌的一条全程把控产业生态链条，从而推动企业健康发展快速进步。得利斯积极主动走出国门，引进国外优质肉食加工资源，推动居民消费结构转型升级。2018年，得利斯入选中国全国农业技术龙头企业50强，位列第39位；入选"2020山东省十强民营企业"榜单，位列全国现代高效绿色农业产业民企百强榜首。

　　得利斯作为国内率先引入推广生产低温肉食制品的生产企业，山东在消化吸收西欧先进低温肉食工艺概念，以及生产工艺的基础上不断进行了创新。公司开发生产出了10大类300多个肉食品种，获得了国家星火计划科技成果奖、国家级新材料产品技术奖等企业荣誉。为进一步推动食品标准化生产，加强食品安全管理，得利斯不断完善食品安全控制体系，加快技术创新，通过了ISO9001认证、HACCP认证、QS认证、ISO14001认证、出口食品卫生注册及俄罗斯、新加坡、中国香港等出口注册。公司被农业部技术认定单位评为2016年全国绿色农产品管理技术创新先进企业，被山东省经贸委技术认定单位评为省级中小企业管理技术创新中心，被山东省科技厅批准成为山东省低温肉制品工程技术研究中心。同年，得利斯技术研究中心被国家认定为国家级科学技术创新中心。公司现在拥有博士后科研工作站和国家认可实验室。得利斯牌低温肉制品已经连续 16 年摘得"全国市场同类产品销量第一名"的桂冠。公司整体框架如图 1 所示。

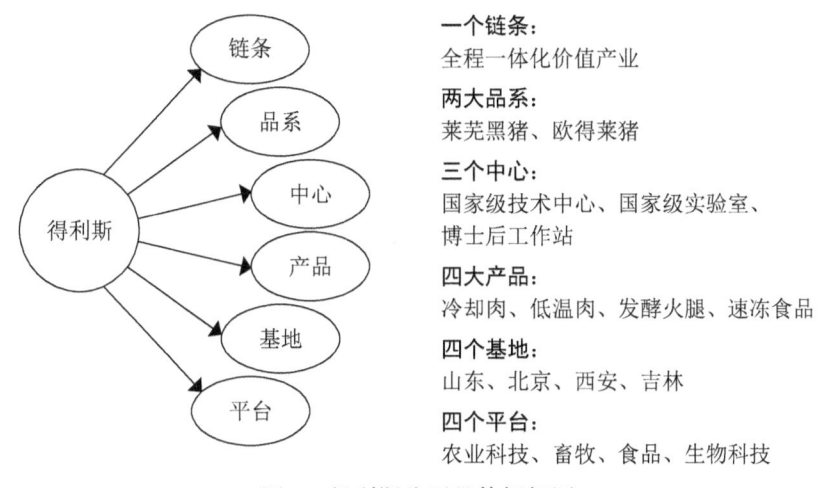

一个链条：
全程一体化价值产业

两大品系：
莱芜黑猪、欧得莱猪

三个中心：
国家级技术中心、国家级实验室、博士后工作站

四大产品：
冷却肉、低温肉、发酵火腿、速冻食品

四个基地：
山东、北京、西安、吉林

四个平台：
农业科技、畜牧、食品、生物科技

图 1　得利斯公司整体框架图

二、得利斯产业体系

1. 两大品系

（1）莱芜猪

莱芜猪是山东省地方种猪母本的典型代表，它原属于华北型优良地方猪种，又被称为莱芜黑猪。它的优点：肉质好、杂交优势明显、繁殖速度快、抗逆性强。在 1982 年莱芜黑猪被收录进《中国猪品种志》，莱芜黑猪属于我国地方猪种的宝贵基因库，也是山东重点保护畜禽品种，有着"中国北方第一猪"的美称。自 2001 年开始，得利斯公司为更好地利用以及保护这一优良地方种猪，将莱芜黑猪纳入得利斯的产业体系，并组建了得利斯畜牧科技有

限公司，负责将此品种进行推广。

（2）鲁莱黑猪和欧得莱猪

鲁莱黑猪是以地方种猪莱芜猪与大约克猪这样的国外优良猪作为育种素材，依据数量遗传学，采用杂交建系、横交固定的常规育种技术，结合BLUP 育种值估计、基因检测、标记辅助选择（MAS）选择指数法等现代生物技术的方式，经 6 年 6 个世代的培育最终育成的新品种。而"欧得莱"猪又是通过这个新品种进一步选优后提纯所得的，与其配套的专门化母系（I 系）。用来做商品的"欧得莱"猪每日增长 816g，饲料与增长比大概 2.90∶1，瘦肉率大概达到 62.32%，猪的肌内脂肪含量有 3.68%，应激敏感型猪发病率为 0。经过优选提纯，使此类型的猪实现繁殖、增长加速，肉质以及肉量兼顾提高配套培育的项目通过了山东省科技成果鉴定，技术水平领先全国同行业。

2. 得利斯三大体系

（1）基于 RFID 技术的食品安全跟踪追溯体系

公司先后承担了多项国家"863"重点课题，在畜禽行业内第一个成功采用新的 RFID 管理技术，建立开发出一个覆盖畜禽养殖—屠宰—生产加工—仓储—物流配送—销售终端的全程现代化食品安全和可追溯质量管理体系，实现了产品各环节准确数据完整有效的结合。得利斯的生猪可追溯耳标系统，主要是由生猪收购、屠宰、加工、仓储、物流五大部分组成，用于通过 RFID（射频）中的电子生猪耳标系统进行生猪信息化的追溯，追溯生猪单位为每头。可追溯耳标系统在前端文件标识化的实施主要可以分为两大阶段，如图 2 所示。

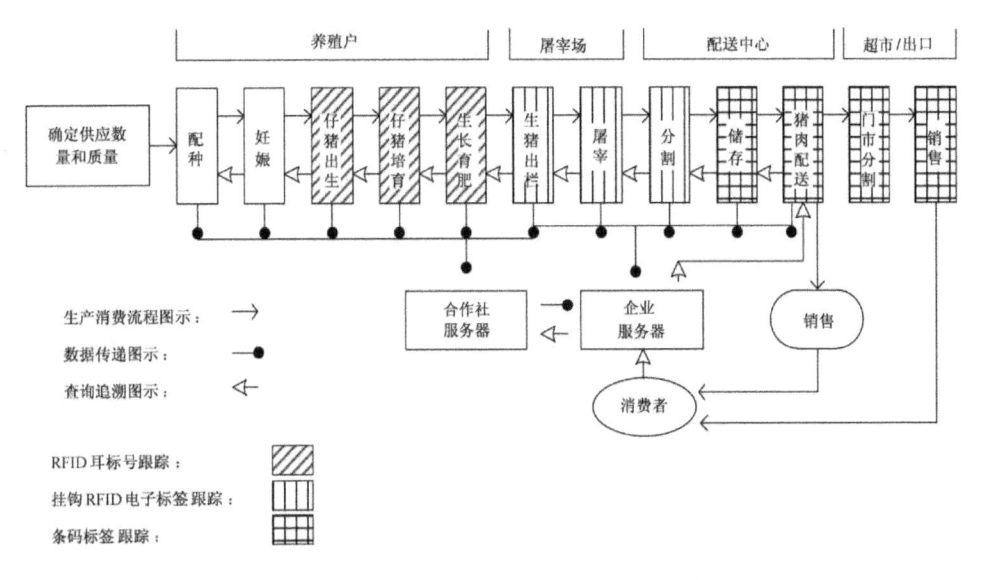

图 2　得利斯生猪可追溯系统流程图[1]

（2）完善的全面质量管控体系

由于得利斯公司严格贯彻实施了各项管控规章制度和规范质量标准，由此先后通过了 ISO9001、HACCP、SSOP、GMP、SGS 等质量管理体系的质量认证，从而促使影响食品安全的显著危害因素得到了有效的控制和纠偏。

公司投资建设产品检测认证中心，两次顺利通过英国 FAPAS 生产能力质量验证，通过中国产品合格质量评定以及国家认可委员会（CNAS）的合格认可。检测检验中心对所有原辅材料和所生产成品按照一批次程序进行严格质量检验，严把原料进厂关和产品出厂关，确保产品质量安全。

（3）全程 GPS 冷链物流配送体系

由于低温肉制品、帕珞斯火腿、风味冷却肉等肉类产品要比其他产品在仓储、物流运输方面控制得更加严格，得利斯公司通过努力建立了一套

---

[1] 徐芬,陈红华,田志宏,等.我国生猪可追溯系统前端标识研究——世新华盛、得利斯、千岛湖案例分析[J].管理评论,2017,29(08):263-272.

完善的食品冷链仓储物流配送服务体系，布局合理的市场销售服务网络来有效确保公司产品品质，从而为广大消费者带来更加安全营养的肉制品。

得利斯公司率先导入以温控 GPS 和自动定位温控温度传感器系统为技术核心的智能冷链食品物流监控系统，实现食品运输过程管理、车辆自动定位、温度实时数据采集和热预警、限速等强大功能，保证食品运输全程采用冷链物流，从而保障消费者的食品质量安全。

3. 得利斯四大平台[1]

（1）畜牧科技平台

该平台是以得利斯产业体系下的畜牧科技有限公司为主，"欧得莱"品牌猪是该平台拥有自主知识产权的猪种，它是在有着"中国北方第一猪"美称的"莱芜猪"的基础上，采用常规育种技术与现代生物技术的方式对"鲁莱黑"猪进一步选优然后提纯所得到的，其瘦肉率大概达到 62.32%，猪的肌内脂肪含量有 3.68%。

得利斯采用"企业＋合作社＋养猪场"模式并实行统一供应种猪、统一人工授精、统一供应饲料、统一兽药防疫、统一技术服务、统一收购肥猪，即"六统一"管理；现已在莱芜、诸城、高密、安丘等多个地区相继建立了大型专业种猪养殖基地；组建了 3 000 多个大型合同化专业养猪场，年平均种猪出栏量 200 万头；有 36 个优质出口生猪养殖专业技术合作社，400 个优质标准化养猪场。每个生产基地年平均出栏商品化优质生猪 160 万头。

（2）农业科技平台

该平台是以得利斯产业体系下的农业科技有限公司为主，拥有年可加工 20 万吨小麦、50 万吨大豆、30 万吨仓储粮食的仓储物流基地。该平台借助国家海关批准的公用型保税仓库的优势，创办粮食银行，打造出北方大型的粮油储备与加工基地以及物流集散地。

---

[1] 杨凯. 得利斯集团全面打造农业产业化典范企业 [N]. 消费日报, 2009-09-30(B04).

（3）食品科技平台

该平台是以得利斯产业体系下的食品科技有限公司为主，目前子公司主要下辖潍坊同路食品有限公司、北京得利斯食品科技有限公司、西安得利斯食品科技有限公司和吉林得利斯食品有限公司4个子公司。该交易平台主要从事国产生猪屠宰、冷却冷冻肉、发酵冷冻肉制品、低温冷冻肉制品、速冻肉和调理肉等食品生产加工。

（4）生物科技平台

该平台是以得利斯产业体系下成立于1997年的北极神生物工程有限公司为主，研究领域主要是在生物工程方面，开发北极神系列的保健产品。其代表产品有北极神海狗油，该产品富含DPA、DHA、EPA等人体必需但是自身难以合成的成分，尤其对调节免疫力、降低血脂效果显著，于2008年被北京奥运会选为国际奥委会主席专用产品，并通过美国食品药品监督管理局（FDA）认证，通过中华医学会所组织的22家三级甲等医院的长期临床验证。

4. 得利斯四大基地

（1）山东基地

山东基地作为得利斯核心也是最早的产业基地，起源于1986年的冷藏厂以及1987年的食品厂，经过22年的发展，逐渐成长为目前的山东得利斯食品股份有限公司，现产品包括高档发酵火腿、休闲食品、低温肉制品、速冻食品、调味产品、生物制品等六大生产部门，还有主营冷却肉的潍坊同路食品有限公司。山东基地下辖山东得利斯彩印有限公司、山东北极神生物工程有限公司、同路热电有限公司。

基地建有高档发酵火腿、休闲食品、低温肉制品、速冻食品、调味产品、生物制品为主的六大生产部，以及以推广冷却肉为主营业务的潍坊同路食品有限公司。

（2）北京基地

得利斯公司北京基地建设于1992年，它是最早在北京推广低温肉制品的企业，地址在北京市昌平区定福皇庄，现阶段注册资本约9 500万元。自成立以来，该基地生产低温肉制品、中式酱卤产品、调理产品等一系列产品。这些产品均采用国际最先进的设备工艺进行加工。产品主要通过北京、内蒙古、河北的超市、餐饮等渠道进行销售。其中低温肉制品等产品已连续几年被北京市民评为最喜爱的肉制品之一，并荣获"北京食品行业十大质量安全企业"和"全国食品质量安全放心品牌"。

基地自2010年9月开始为规划和发展需要，在北京昌平区阳坊镇筹备厂房改建以及迁址等工作。新规划的工厂，总面积23 000平方米，拥有3 000平方米的办公楼、6 000平方米的公寓楼及配套，15 000平方米的车间。

（3）吉林基地

得利斯公司吉林基地建设于2007年，地址在吉林省蛟河市经济开发区。吉林养殖基地按照粮食一体化畜禽产业服务链条的经营模式进行构建，包括四项主要业务：畜禽粮食生产收购、饲料生产加工、生猪养殖屠宰和畜禽肉制品生产加工。目前公司注册资本42 000万元，年生猪屠宰生产能力为300万头、肉制品3万吨。

（4）西安基地

得利斯公司西安基地建设于1996年，地址在西安现代经济技术开发区，现阶段注册资本约18 000万元。其主要经营加工低温保鲜肉制品、快餐蔬菜调理加工食品、酱卤产品。得利斯公司西安基地先后获得"西安市农业产业化龙头企业""国家权威检测合格产品""西安市商品和服务质量双满意示范单位""在陕投资优秀企业"等多项荣誉称号。

三、得利斯内外部环境分析 [1]

（一）宏观环境 PEST 分析

1. 政治环境

国家"十三五"规划纲要2016年食品安全发展规划明确指出，需要全面落实"五位一体"和"四个全面"的国家战略发展布局，在此基础上还仍然需要继续坚持贯彻绿色、开放、创新、共享、协调的科学发展观；在加强食品安全管理方面还需要建立制定最严谨的食品标准管理体系，采取最严格的食品监督管理措施，实施最严厉的行政处罚处理手段，形成系统、严肃的专项问责处理机制。按照国家法律法规标准要求，集中力量研究解决我国老百姓反响最大的食品问题，构建我国食品安全问题现代化综合治理服务体系，推动我国食品业又好又快健康发展。随着国家相关优惠政策的正式出台和贯彻实施，为促进肉制品加工行业的健康、规范、快速发展进步提供了有力政策支持。

此外，中国食品工业协会也正式出台了《中国食品工业发展报告（2012—2017）》。报告就绿色食品行业依然存在的"四个并存"矛盾问题进行了深入分析认为：当前影响我国绿色食品行业发展的主要矛盾问题，一是粗放型食品生产经营模式与缺乏绿色高新精深食品加工之间依然存在的矛盾；二是我国食品行业风险安全隐患形势严峻与我国食品安全稳定稳步向好之间依然存在的矛盾；三是我国食品生产企业本身自主创新品牌形象培育能力不足与自主品牌价值日益清晰凸显之间依然存在的矛盾；四是我国食品生产企业"小、弱、散"与食品生产经营集中度不断稳步提升之间依然存在的矛盾。根据这四大矛盾，加上我国肉制品新的市场消费增长趋势不断出现，实际为

---

[1] 徐小珺. 得利斯品牌发展战略研究 [D]. 青岛，青岛科技大学，2014.

我国肉制品生产企业发展找到了可突破的发展空间，创造了新的行业发展市场机遇，有可能彻底改变整个行业发展格局。特别是以得利斯为主要代表的中型跨国肉制品龙头企业，凭借多年积累的中国行业优势资源，通过多次深度资源整合、品牌形象重塑，让中国企业重新焕发出新的市场活力，向中国消费者呈现出全新的品牌形象，打造了适合中国消费者不同需求的优质产品。

2. 经济环境

随着当前我国市场经济的快速健康发展，市场需求也在不断增加。从近几年的发展趋势来看，肉类消费市场一直都是呈现出快速增长的发展模式。我国不仅是世界肉类的主要生产大国，也是肉类消费需求大国。根据近年相关国家统计数据得出，我国在 2020 年的国内生产总值已突破百万亿元，比前一年大约上升了 2.3%。经济运行稳中有进、稳中协调总体向好，经济社会发展继续长期保持平稳健康状态，人均收入以及可支配收入不断稳步增加，使得肉制品成为现代人们的日常生活中必不可少的一部分。根据国家统计局 2020 最新行业统计数据显示，虽然 2019 年受"猪瘟"的影响，肉类产品市场需求总量有所下降，但猪肉产量持续下降趋势变化幅度不大。2020 年 11 月全国生产猪肉和牛猪鸡羊等主要家禽产品总产量 7639 万吨，比上年同期同比下降 0.1%。其中，猪肉企业产量 4113 万吨，下降 3.3%；牛肉企业产量 672 万吨，增长 0.8%；羊肉企业产量 492 万吨，增长 1.0%；禽肉企业产量 2361 万吨，增长 5.5%；禽蛋累计产量 3468 万吨，增长 4.8%；牛奶年产量 3440 万吨，增长 7.5%；年末累计出栏生猪 40650 万头，比上年末同期同比增长 31.0%；年末本次全年累计出场存栏生猪总体累计存场出栏 52704 万头，比上次全年同期同比下降 3.2%。从当前行业技术总体发展情况分析来看，目前我国传统肉制品企业科技成果技术转化率不高，分散性强，与发达国家相比仍然存在着较大的差距。目前，在肉制品尤其是猪肉制品市场中，双汇、雨润、金锣等知名品牌共分天下。得利斯虽然在中国肉类协会近几年重新公布的"中国肉类食品行业最具价值品牌"以及"中国肉类食品行业强势企业"中均榜上有名，但是均排在双汇、雨润、金锣等品牌之后，得利斯品牌要进一步发展，面临较大的挑战。

3. 社会文化环境

当前，我国经济持续稳健增长，引起我国收入结构发生重大变化，也促使我国家庭日常饮食消费结构的改变，越来越多的家庭日常饮食偏向于肉类食品。猪肉是我国人民主要肉食产品，在肉类食品市场中占据绝大多数份额。虽然我国传统肉制品发展时间很长，但随着人们更加关注肉类食品安全，西式肉制品开始逐渐被接受。而且，随着双汇等老牌肉制品企业曝出"瘦肉精"等事件，让人们更加重视所食肉类产品的质量安全问题。当前，我国正在努力建立健全食品安全标准体系、诚信管理体系、质量安全控制体系，期望能改善当前中国传统肉制产品的现状。

4. 技术环境

食品加工机械、包装制造、食品添加剂生产等肉制品加工基础条件，现在也跟着肉类加工的快速发展而受重视。当前，随着我国肉类加工龙头企业不断引进发达国家的先进工艺、设备以及技术，这些企业的装备已然达到世界先进水平。肉制品加工基础条件、技术条件以及其他辅助条件的大力改善也为肉类食品质量的提升提供了十分有利的环境。近年来，类似双汇、得利斯、雨润、金锣等肉类加工行业的知名品牌不断涌现，在这些品牌的带领下，肉类食品的质量安全有显著的提升。当然，即使是这些企业也存在一些问题，由此，必须不断加强其安全检验技术的更新换代。当前我国不但利用信息技术改造传统企业，也以加强技术培训与职业教育的方式为肉类食品行业的技术创新提供有利环境。

（二）五力竞争模型分析

1. 竞争对手分析

我国的肉食加工，经历了从传统手工作坊式转变为大规模工业化发展模式，使肉食品产业大力发展。改革开放后，随着人们生活条件的改善，肉食结构的需求提升，促使一大批肉制品知名企业蓬勃兴起，如双汇、雨润、得利斯公司等，还有一些我们能够耳熟能详的品牌如下表1所示。

表1　国内知名肉制品品牌

企业名称	简介
双汇	始创于1958年，国家级技术中心，曾获中国名牌，中国驰名商标，以肉类加工为主的大型食品集团，河南双汇集团
雨润	中国驰名商标，曾获中国名牌，农业产业化国家重点龙头企业，中国500强企业，江苏雨润食品产业集团有限公司
金锣	曾获中国名牌，中国驰名商标，中国比较大的生猪屠宰加工和肉制品生产企业之一，临沂新程金锣肉制品集团有限公司
众品	中国驰名商标，曾获中国名牌产品，中国肉类协会常务理事单位，肉制品十大品牌，河南众品食业股份有限公司
六和	中国驰名商标，曾获中国名牌，肉类工业影响力品牌，农业产业化国家级重点龙头企业，山东新希望六和集团有限公司
得利斯	中国驰名商标，曾获中国名牌，中国比较具市场竞争力品牌，国家重点龙头企业，山东得利斯食品股份有限公司
高金	中国驰名商标，曾获中国名牌，国家农业产业化经营重点龙头企业，中国民营企业500强，四川高金食品股份有限公司
唐人神	中国驰名商标，曾获中国名牌，农业产业化国家重点龙头企业，高新技术企业，上市公司，唐人神集团股份有限公司
龙大	中国驰名商标，曾获中国名牌，肉制品十大品牌，国家级农业产业化龙头企业，大型集团公司，龙大食品集团有限公司
千喜鹤	曾获中国名牌，中国肉类行业影响力品牌，北京市农业产业化重点龙头企业，北京千喜鹤食品有限公司

2020年，在中国肉制品上市企业市值排行榜中，有12家肉制品企业。如表2所示，由排行榜可以看出，双汇作为肉制品行业当之无愧的老大，其属于最具价值品牌。得利斯排名第9位，其虽然与龙大、唐人神、千喜鹤等后起之秀间存在竞争，但这些品牌都存在着全国性战略不足，仅在地方具备较显著的优势。现阶段，得利斯的最大竞争对手仍然是双汇、雨润、金锣这样的老牌知名品牌。

表2 肉制品上市企业2020市值排行榜

排名	企业名称	证券代码	市值（亿元）	所属业态	排名变动
1	双汇发展	SZ:000895	1626.31	肉制品	不变
2	龙大肉食	SZ:002726	127.48	肉制品	升3
3	煌上煌	SZ:002695	117.43	肉制品	降1
4	上海梅林	SH:600073	96.46	肉制品	降1
5	中粮家佳康	HK:01610	87.85	肉制品	降1
6	金宇火腿	SZ:002515	56.84	肉制品	不变
7	华统股份	SZ:002840	46.77	肉制品	不变
8	凤祥股份	HK:09977	42.08	肉制品	
9	得利斯	SZ:002330	33.68	肉制品	降1
10	雨润食品	HK:01068	9.61	肉制品	降1
11	普甜食品	HK:01699	1.58	肉制品	降1
12	康大食品	HK:00834	1.21	肉制品	降1

以双汇、雨润、金锣的品牌战略选择来看，双汇采取的主要是单一企业品牌战略，而雨润采取的则是多品牌战略。首先，双汇的肉制品产品主要包含冷鲜肉、速冻类、高温肉、低温肉四大类，而这些肉制品的产品品牌与"双汇"这个企业品牌均保持一致，消费者由于信任"双汇"这个企业品牌，从而连带信任双汇集团的这些产品。而雨润的产品包含高温、低温、冷鲜肉、中式肉制品等几类，其中低温肉制品是雨润发展的重点，其针对不同的细分

市场，将企业品牌分为"雨润""福润""汪润"等不同的品牌，使每个细分市场的对应品牌更易获取该地的目标消费者的信任。与双汇、雨润进行比较，金锣拥有低成本的优势，从而能够抢占一大部分市场。

以双汇、雨润、金锣的产业布局来看，它们均在不同程度上在全国采取扩张策略。扩张的方式主要有资源主导型与核心市场主导型两种。前者更重视确保加工原料的不断供应，如在四川仁寿、内蒙古集宁以及河南商丘等地建立专门的屠宰场；而后者则是为抢占市场份额，将企业深入肉类产品主要销售地区，如在北京、上海、辽宁等地建立肉制品工厂。低温肉制品是雨润发展的重点，雨润在进行扩张时首先考虑的是低温肉的运输问题，其严格的冷链式运输规范，使冷鲜肉与低温肉被控制在 300 公里的销售半径内。雨润采取对传统肉制品加工工厂整合、兼并的方式使其肉制品运输半径短、布点密，也更接近市场。从 1996 年雨润便开始了兼并之路，先是南京市罐头厂的成功兼并，之后在辽宁、安徽、四川等地整合、兼并了 17 家国有中型企业。金锣是以山东作为自己的大本营，其在内蒙古、四川、湖南等地均拥有自己的生产基地。得利斯也是以山东为生产核心，以山西、吉林、北京为区域中心，辐射东北三省大小城市，从而实现其与京津以北的产品销售市场的无缝对接。从这点上看金锣与得利斯在销售市场上重合很多，影响较大。

2. 潜在竞争者分析

受新进入者威胁的大小取决于其进入壁垒，低端肉制产品由于对产品生产技术、工艺以及设备的要求不高，对初始资本的需求不是很高。而得利斯肉制产品对工艺以及设备的要求较高，其相应的资本需求就高，进入壁垒则被拉高了。

以肉制品产品差异来看，虽然一般产品差异主要表现在形象、产品质量与服务等方面，而肉制产品由于其大众化的特性，这些差异程度不高，从而导致新进入者的产品在市场上不具备形象、质量以及服务方面的优势。

以肉制品的规模经济来考量，双汇、雨润、金锣、得利斯等知名品牌由于其市场份额大，与其他企业相比已形成较大差别，从而在成本方面保持着绝对优势。这就意味着，新进入者很难承受这些企业的价格战。

以肉制品的绝对成本优势来看，新进入者难以保证与双汇、雨润、得利斯这样企业相同的低成本结构，因为他们无论在产品研发更新、建立分销渠道还是在维护消费者服务方面，都不具备优势。

以当前社会环境来看，国家日益完善的安全管理制度，以及制定更加严格的环境保护标准，无疑加大了新的企业进入壁垒的难度。

综上所示，现阶段得利斯在规模经济、绝对成本优势等方面，与新进入者的差距相对较大，新进入者难以对得利斯产生较大威胁，但以产品差异方面来看，得利斯仍然需要关注这些新进入者。

3. 替代品分析

肉制品也是食品，替代性产品繁不胜数。前些年的肉制品安全质量问题不断出现："瘦肉精"事件；某产品被消费者举报"吃出异物"；在售肉品"腐烂生蛆"等。食品安全问题使得消费者更加重视肉制品的质量。而随着绿色健康生活越来越深入人心，有些消费者逐渐开始放弃添加各种防腐剂的肉制品，转而消费其他绿色健康的食品。2019年的猪瘟影响使猪肉价格上升，消费者开始更多选择猪肉外的其他肉类替代产品，全国各肉类产量走势如图3所示。

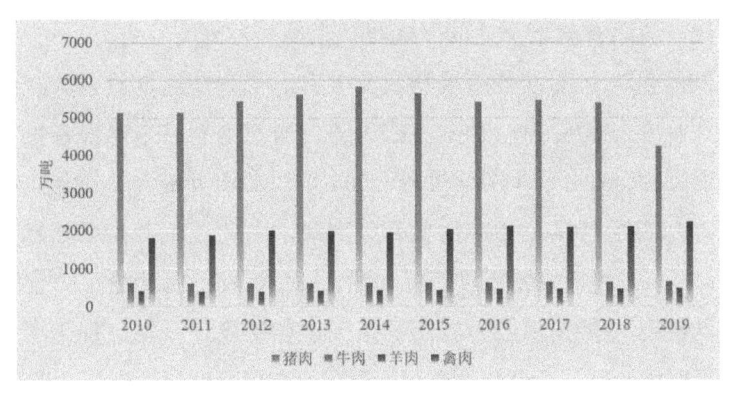

图3　全国各肉类产量走势图

从上述全国各肉类产量走势图可以看到，2019年猪肉总产量约4 255万吨，相较2018年猪肉产量下降约21.3%；相比猪肉下降，牛肉、羊肉、禽肉均保持增长态势；牛肉产量增长3.6%，总产量约667万吨；羊肉产量增长2.6%，总产量约488万吨；禽肉产量增长12.3%，总产量约2 239万吨。我国现阶段肉制品以猪肉与禽肉为主，前者占据整体的62.65%，后者占总体的24.37%。由上图可以看出，羊肉以及其他肉类在产量上依旧与猪肉、禽肉相差巨大，但其所占比例在稳定上升，有着一定的发展空间。

4. 供应商讨价还价能力

肉制品企业的供应商有很多，其中就包括原料、辅料、包装的供应商以及肉制品生产设备的供应商。从原材料的议价能力来看，生猪需求大，受供应与价格的波动影响较大，对质量要求又高，由此得利斯原材料的供应商主要是自建猪场以及签订正规合同的合作社，这样做有助于确保产品供应数量以及质量安全。得利斯提出"百社万场"合作社的目标，采取"企业＋合作社＋养猪场"模式，现阶段，已在多地建设生猪饲养基地。除此之外，得利斯采取"六统一"的管理模式，即统一供应猪种、统一人工授精、统一供应饲料、统一兽药防疫、统一技术服务、统一收购生猪。养殖户在这个过程中只需要负责饲养生猪。这种做法最大限度地满足了肉制品的生产需求，也使得利斯精减了在收购过程中人力、财力的支出。得利斯借此确立自己对肉制产品的价格决定权，从而有利于企业的发展与扩张。

以肉制品生产基础设备的采购状况来看，得利斯这样具备大规模生产能力的企业往往在与供应商谈判中占据优势，当前肉制品生产设备的供应商大多是发达国家的企业。得利斯分别于2000年、2010年相继在德国与意大利等企业引进冷却肉生产线及相应的整套生产线，由此还生产出帕洛斯火腿这样的新产品。由于得利斯始终重视产品质量，从而得到了迅速稳定的发展。此外，得利斯公司拥有一批技术能力较高的员工，包括设计开发、加工服务的一些专业高级工程师。

从得利斯包装供应商来看，对应的供应商很少，公司的产业体系中就包含彩印公司，可以自主生产包装材料，节省这些成本也有利于得利斯保持价格优势。当然，当包装需求量超过生产量时，得利斯也会采取竞标方式选择包装供应商，从而能够在议价中占据主动，尽量节约成本。

5.购买者讨价还价能力

得利斯现阶段拥有销售点20 000多个，其主要客户包含大型超市、经销商、餐饮、加盟店、机关单位等。大型超市相比小型超市进入门槛更高，加之这类超市一般采取的策略是低价竞争，相比其他客户利润较小，拥有较高的议价能力；经销商是最重视利润的客户，它控制着销售终端，企业往往掌控不了终端，拥有较高的议价能力；餐饮及机关单位，用量少，不会大规模进行购买，拥有较小的讨价还价能力，但这部分也是企业应该争取的对象。综合来看，得利斯需要做好合理应对这些客户的规划，根据不同客户的需求做出精准的策略，还有就是不断加强品牌建设以及产品研发，从而保证不同客户均能保持着较高的忠诚度。

（三）SWOT分析

对得利斯的SWOT分析如表3所示。

表3 得利斯SWOT分析表

优势（Strength）	劣势(Weakness)
◎鲜明的品牌形象 ◎明确的发展目标 ◎规范化的品牌管理 ◎建立品牌产业区，形成品牌文化圈	◎对比老牌知名品牌（双汇等）竞争力弱 ◎得利斯品牌的区域针对性过强 ◎肉制产品差异化较小
机会(Opportunities)	威胁(Threats)
◎当前国家愈发重视品牌建设 ◎山东启动名牌战略加速器 ◎肉制品产业市场广阔	◎双汇、金锣、雨润等老牌企业依旧具备明显优势 ◎唐人神、龙大等新品牌开始崛起 ◎国外品牌不断涌进中国市场 ◎得利斯的产品质量问题不断 ◎得利斯品牌很难在远离生产基地与经济较落后的地方推广

1. 竞争优势

（1）鲜明的品牌形象

得利斯为确立鲜明的品牌形象，在创立之初，就确定品牌的名称"得利斯"，1989年对名称进行注册如图4所示，其含义一方面取自英文"delicious"，翻译过来就是美味的。这是得利斯想向消费者表达的其产品的优质；另一方面，也寄托得利斯对自身产品的希冀，希望产品达到消费者要求，令消费者满意。除此之外，为加深消费者对品牌形象的认知程度，得利斯聘请咨询公司建设品牌识别系统。

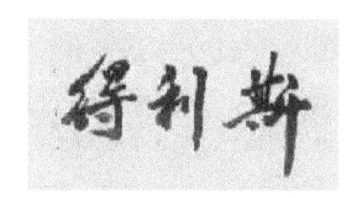

图 4　得利斯商标

（2）明确的发展目标

得利斯的产品体系包括低温肉、冷却肉、发酵肉、快餐调理食品等肉制品。其中，发酵火腿是2010年在投资过亿元后推出的新式产品，一改之前同类产品需从欧洲等国进口的窘境，得利斯赋予其新的品牌名称"帕珞斯"，而非沿用"得利斯"品牌名称，这些都证明低温肉与冷却肉是得利斯的主要发展对象。

（3）规范化的品牌管理

得利斯公司自成立以来就相当重视品牌管理。为规范品牌建设，公司内部成立品牌传播部，负责制定品牌建设、商标等无形资产的使用等相关制度，促使得利斯更加有效地进行品牌建设。

（4）建立品牌产业区，形成品牌文化圈

得利斯现阶段产业体系中包含有300万亩的农田、20多万农户、超过200万吨粮食、有着500万头生猪的产量，以及400万吨的物流运输能力。得利斯品牌产业区是在前述基础上集粮油饲料加工、生猪饲养、生猪屠宰、肉制品生产、生物工程等于一体。得利斯公司现阶段更加重视新农村社区的建设，与合作社共同打造出以得利斯世纪城为代表的一系列得利斯品牌生活区，从而进一步形成了得利斯品牌文化圈。

2. 竞争劣势

（1）对比老牌知名品牌（双汇等）竞争力弱

现阶段我国的肉制品企业可以大致划分成三部分，位于上方的占据市场80%份额的像双汇、雨润、金锣等老牌知名品牌；中等层次的正在由地方向着全国进行不断扩张的像得利斯、唐人神等进取型品牌；位于下方的像喜旺、波尼亚等品牌，在地方上虽有一定竞争力，但在国内相比影响力较弱。

（2）得利斯品牌的区域针对性过强

当前得利斯全国扩张战略面临难以与长江以南的品牌竞争的问题，这实际上是得利斯一直以来的发展方向造成的。

（3）肉制产品差异化较小

现阶段，肉制品市场各个品牌的产品很大部分相互重叠。例如，肉制产品中的冷却肉以及冷鲜肉，双汇、金锣、得利斯的制作工艺相似，而这种产品的口味也差异不大，消费者难以分辨所食肉制品来自什么品牌，从而造成得利斯难以从这样的市场中脱颖而出。肉制品产业经过几十年的不断发展，得利斯与双汇、金锣等品牌之间在低温肉、高温肉、冷却肉等产品种类间的差距很小，虽然也可能有着包装等方面的差异，但由于价格相差较小，消费者在选择上也很难考虑品牌。

3. 品牌机遇

（1）重视品牌建设

为推进品牌战略，国家先后设立"中国品牌产品""中国驰名商标""国家免检产品"等一系列评选,用以督促企业加快品牌建设。

(2)山东启动品牌战略加速器

作为全国第一批开始实施品牌战略的地方,山东自1993年起,坚持将品牌战略的实施作为全省推动产业结构调整的关键推动力,企业必须严格进行质量管理,积极争取品牌。山东通过构建完善的品牌工作机制,不断开展质量兴市活动,现已形成以品牌培育、发展、评价、保护作为主要内容的加速品牌建设的战略体系。

(3)肉制品产业市场广阔

依据2021年中国农业展望大会发布的《中国农业展望报告(2021—2030)》,可以看出在未来十年里,猪肉产量的增速会不断放缓。预测2030年,全国生猪供应大约有7.13亿头,市场上的猪肉大约有5998万吨。肉禽的养殖技术不断提高、产业不断集中,使得其保持着稳定的增长趋势,年均增长率达到0.8%。市场上的禽肉将达到2555万吨;牛肉产量将达到790万吨;牛肉市场上的消费量将达到1030万吨;羊肉产量将达到576万吨;羊肉市场上的消费量将达到620万吨。

4. 品牌威胁

(1)双汇、金锣、雨润等老牌企业依然具备明显竞争优势

现有国内的肉制品市场,仍旧是双汇、金锣、雨润这些老牌企业的天下,其产品布局遍及全国。它们不仅分销渠道多,而且具备明显的规模优势,是得利斯品牌的主要竞争对手。

(2)唐人神、龙大等新品牌开始崛起

得利斯发展至今,虽然已经取得一定的影响力,在全国也排进肉制品品牌的前十强。然而,唐人神、龙大等新品牌的奋力追赶,对得利斯的发展有着一定的威胁。

（3）国外品牌不断涌进中国市场

随着经济全球化的发展，国内的巨大市场潜力吸引着国外肉制品产品不断涌进，如韩国乐鲜、丹麦皇冠等知名国外品牌，都已在国内市场占领了一席之地。越来越多的国外品牌不断涌入在国内市场造成市场竞争加剧。

（4）得利斯的产品质量问题

有关得利斯的产品质量问题不断出现，不断有消费者举报得利斯的火腿中有异物（猪毛、白色塑料物体）以及出现变质问题（胀袋）……2019年，依据国家市场监督管理总局发布的《市场监管总局关于5批次食品不合格情况的通告〔2019年第40号〕》，得利斯在陕西省西安的分公司所生产的酱卤肉制品中的菌落数未达到国家标准，不合格。得利斯产品所出现的这些质量安全问题极大损害了得利斯的品牌形象[1]。

（5）得利斯品牌很难在远离生产基地与经济较落后的地方推广

得利斯低温、冷却肉制产品均属于快销品，由于其保存期较短（0～4℃的环境中，冷却肉只能保存7天；在0～7℃的环境中，低温肉只能保存15～45天），消费者必然选择就近购买。由于经济较落后地区运输条件也相对较差，而远离生产基地的地方，运输需要付出成本，且难以保证保存时间，由此得利斯品牌很难在这些地方推广。

四、得利斯品牌战略发展历程

得利斯品牌战略的发展历程可以总结为如表4所示。

---

[1] 得利斯屡遭投诉仍很"从容"称很难保证食品100%不出问题[J].中国质量万里行,2012(12):47-48.

表4　得利斯品牌战略发展历程

1. 品牌化阶段（1989～1999年）

标志事件	品牌战略
商标： ◎得利斯于1989年注册商标 ◎得利斯于1992年被评为"山东省著名商标" ◎得利斯于1999年被国家工商局认定为"中国驰名商标" 名牌： ◎得利斯于1995年被农业部评为"中国乡镇企业名牌产品" ◎得利斯于1997年被山东经贸委授予"山东名牌"	◎品牌命名。确立鲜明的品牌形象。得利斯为确立鲜明的品牌形象，在创立之初，就确定品牌的名称"得利斯" ◎品牌形象的不断塑造。得利斯在1995年销毁劣质猪饲料，表现出其注重产品质量安全的品牌形象，随后也实施许多塑造品牌的积极策略

2. 强势化阶段（2000～2009年）

标志事件	品牌战略
◎得利斯圆火腿产品2000年被山东省授予"山东省质量奖" ◎得利斯低温肉系列2004年被国家质量监督检疫总局授予"中国名牌产品" ◎得利斯2005年被评为中国肉类食品行业第6位 ◎得利斯2006年被评为"中国肉类工业影响力品牌" ◎得利斯品牌2007年在中国最有价值商标500强中排名176位 ◎得利斯品牌2007年被中国名牌战略推进委员会与国家质量技术监督检疫总局认定为"中国名牌" ◎得利斯品牌2008年被中国肉类协会评为"中国肉类食品行业强势企业" ◎得利斯2009年获得山东省省长质量奖提名奖	◎不断丰富品牌内涵。2000～2002年得利斯在中央电视台、凤凰卫视被报道以及《中国质量报》《中国证券报》被报道，从而加强内部员工以及外部消费者对得利斯品牌的认同，逐渐形成属于得利斯自身的文化内涵 ◎规范化的品牌管理。为规范品牌建设公司内部成立品牌传播部，制定品牌建设、商标等无形资产的使用等相关制度，促使得利斯更加有效进行品牌建设。2001年，得利斯公司制定品牌中长期发展战略，致力于打造从源头到终端全程监控的产业体系 ◎品牌形象的提升。得利斯公司为提升品牌形象聘请知名咨询公司负责品牌推广指导，并在电视、报纸、网络等多种媒介上宣传得利斯产品"品质高于一切"的理念 ◎积极承担社会责任，增进企业品牌建设内涵。得利斯在大力发展的同时，积极投身帮扶群众、赞助福利事业、教育事业等方面，2011年还发布肉制品行业首份《食品质量安全报告》，其承担社会责任的态度，为品牌建设增加了新的内涵

（续表）

3. 平台化阶段（2010～至今）	
标志事件	品牌战略
◎得利斯2010年登陆深交所中小板 ◎得利斯2012年被评为"中国肉类食品行业最具价值品牌" ◎得利斯2012年被世界品牌大会评为"中国500最具价值品牌" ◎得利斯2016年在中国品牌500强中位列379位 ◎得利斯2017年在中国制造业500强中位列421位 ◎得利斯2020年荣登山东知名品牌榜单 ◎得利斯熏煮香肠2021年被认定为山东优质品牌产品	◎重塑消费者忠诚。得利斯为重塑消费者的忠诚，不断加大宣传力度，坚持走品质道路，强调带给消费者最安全、健康的产品，努力生产绿色、健康的肉制品产品 ◎开启全国扩张道路。当前得利斯开始向全国扩张，不断完善其市场布局，在稳定现有市场的基础上，稳定向着更多地方迈进

五、营销策略

1. 依托山东、北京、西安、吉林四大区域向外扩展市场营销体系

当前得利斯结合其产品体系，构建起以资源管理和现代信息为主的营销系统，已形成了依托山东（核心）、北京、西安、吉林（中心）四大区域向华东、华北、东北、西部进行扩展覆盖的销售体系。在此基础上，得利斯稳定现有渠道（大商品超市、卖场、代理商）；不断开辟新渠道（连锁店、展示店）；更加深入地开发重点乡镇市场以及县级市场。得利斯公司现在已经建设出100家现代展示中心。这些展示中心导入了集服务、展示、储运、零售、批发、办公等一体功能的 ERP 系统，进而形成了覆盖面广、通路更宽、渠道更短、效率更高的肉制品销售推广网络。

2. 打造"互联网 + 食品"模式[1]

2018年起，得利斯尝试构建电商体系，打造"互联网 + 食品"模型，并从牛排开始逐渐展开 B2B、B2C 电商业务。得利斯现拥有 20 000 多个专卖店、商超以及展示店，促进了电商销售的极大提升。

得利斯为促进电商体系的快速构建，寻求与多家电商企业的合作，例如：2018年3月，得利斯与食品谷集团在食品安全、游资管理、现代农业、冷链物流等各个方面达成合作意向；2018年5月得利斯相继与苏宁易购、京东达成合作意向，与苏宁易购的合作项目包括扩大得利斯牛肉、猪肉产品的销售渠道，使得利斯产品无论在线上线下均能达到一定规模；与京东签订了《战略合作意向书》，其合作项目包括，得利斯将品牌产品在京东电子商务平台（京东生鲜自营店）及京东旗下便利网点销售，从而实现得利斯品牌推广以及产品销售额提升的效果。

得利斯借助在肉食市场近 30 年的产品研发、品牌推广的基础，经过调整产业布局以及与电商企业达成合作，逐渐完善线上、线下的全面销售渠道，促使得利斯向全国市场迈进的速度加快，开始从区域影响型品牌转变为全国影响型品牌。

六、运营模式[2]

山东得利斯于 2008 年 5 月注册得利斯生猪专业合作社，随后相继在位于周边的县，成立 13 个生猪专业社的分社。现在合作社的生猪产量大约每年有 40 万头生猪，其中合作社的存栏母猪约有 2.3 万头。生猪专业合作社与得利斯产业体系中的食品公司处于长期合作关系，它们合作的内容包含合作社向食品公司提供的生猪种类、生猪安全质量问题以及食品公司向合作社提出的收购价格等。集团与生猪合作社采取"公司 + 合作社 + 农户"

---

[1] 凌薇. 得利斯发力肉牛产业 [J]. 农经, 2018(07):70-72.
[2] 王娟."公司 + 合作社 + 农户"新型运营模式研究——以山东省诸城市为例 [J]. 农村经济与科技, 2020,31(09):72-75.

的模式，实行包括统一选购饲料；统一选购兽药；统一选购优质种猪；统一收购销售生猪；统一开展疫苗防疫；统一组织技术培训的"六统一"管理模式。生猪合作社的成员从得利斯引进仔猪，也可以引进生产仔猪的母猪，仔猪成熟后带到得利斯产业体系中的生猪屠宰场，屠宰之后到达得利斯产业体系中的肉制品生产厂，从而最终到市场上。为解答合作社中养殖户在养殖生猪时遇到的疑难问题，每月都会请技术专家到合作社举办养猪经验座谈会，使合作社成员与专家能够面对面交流，切实解决养殖中遇到的问题。随着得利斯公司与合作社之间的紧密合作，促使农户在进行生猪养殖时，省下许多高成本的中间环节（根据计算：一头成熟的育肥猪大概能够省掉105元的成本具体为9元兽药、25元销售成本、50元饲料成本以及由于生猪存活率带来的节约成本21元）。在得利斯的大力帮助下，合作社成员的生产积极性不断提升。

得利斯通过生猪合作社与养殖户进行交流，促使公司与养殖户之间的利益冲突下降，稳定互惠的关系加强。

"六统一"管理策略一方面使合作社养殖户的成本降低、收益增加，可以为得利斯公司带来更多的生猪供应；另一方面，得利斯公司的交易与管理成本也能得到降低，从而使公司能用更多的资金进行产品研发与技术革新，提升公司肉制品的质量，形成了良性循环关系。

七、总结

得利斯的成功是由其四个方面的核心竞争优势所决定的。

1. 品牌及公司治理优势

得利斯向来以升级产品、引领消费者潮流为优势，其重点产品符合当下消费者的要求。得利斯的品牌影响力已经从区域影响逐渐转向全国影响。作为肉制品行业的优质品牌，得利斯得到国家的承认：其商标被国家认定为"中国驰名商标"；低温、冷却产品被国家认定为"中国名牌产品"；其品牌被国家认定为"中国最具市场竞争力品牌";得利斯的低温肉制品连续多年占据全国低温肉制品销量首位。

得利斯之所以能够规范、有效、持续健康的发展,离不开内部完善的控制体系,离不开内部的科学管理。这些为经营风险的控制、经营质量的提高、经营效益的提升提供了基础保障条件。

2. 生产及技术工艺优势

得利斯作为肉类加工龙头企业不断引进发达国家的先进工艺、设备以及技术,促使肉制品生产的装备达到世界先进水平。肉制品加工基础条件、技术条件以及其他辅助条件的大力改善,也为肉类食品安全质量的提升提供了十分有利的环境。得利斯现阶段的产品生产重点在于低温肉与冷却肉,由于我国消费者在饮食习惯以及饮食需求等方面与国外存在差异,得利斯在引进国外技术的同时也不忘进行改进创新,使所生产的肉制品质量更高,更符合中国消费者多样化的需求。随着其生产及技术工艺的不断提升,其培育出的"帕珞斯""萨拉米""库巴"等西式高端食品也获得了消费者的高度认可,从而为得利斯下一步的全国扩张战略带来了优势。

3. 区位及市场布局优势

得利斯公司本部位于山东,是国内最大的生猪养殖基地之一,为无规定动物疫病区,其生猪产量一直在全国位于前列。在新开发的东北松辽平原养殖区,其生猪总量也不低,这都为得利斯公司的肉制品生产提供了稳定的资源基础,也支撑着得利斯向全国扩张的战略规划。除此之外,现阶段得利斯拥有山东、西安、北京、吉林等四大基地,并以这四大基地为核心逐渐覆盖华东、西北、华北、东北等地,其区位优势明显,且这些地区均拥有着较大的市场容量以及发展潜力。

得利斯是国内少数几个拥有多层次群体(设立20 000个销售点,包含商超、展示店、加盟店、经销商、机关单位与餐厅等)、完善的冷链运输体系以及合理的市场网络的大型肉制品企业之一。

4. 质量管理优势

得利斯由于严格贯彻实施各项管控规章制度和质量标准规范，先后通过了ISO9001、HACCP、SSOP、GMP、SGS等质量管理体系的质量认证，促使影响企业食品安全的危害得到了有效的控制和纠偏。严格的质量管理体系为公司生产的肉制产品质量提供了保障，2012年、2016年先后获得山东省、吉林省的质量奖。除此之外，得利斯拥有国家级技术中心，并相继承担国家课题，其承担的"863"课题，率先在生猪屠宰到肉制产品的生产过程中导入基于RFID技术的安全追溯管控体系，使肉制产品能够追溯到从源头至终端的所有环节，保证了产品的品质和安全性。

附录 1
调查问卷（一）

对到店购买鲜牛肉情况的调查

尊敬的先生/女士您好：

为进一步提升横沥牛行的服务水平，满足您的需求，特此进行客户需求调查。您的宝贵意见是我们前进的动力。非常感谢您在百忙之中配合我们的调查。

调查地点：　　　　　　　　　　　　调查时间：

（请直接在相应选项前打"√"）

1. 您家庭最近一个月到本店购买几次牛肉？
□一周不到一次　　□一周一次　　□一周两次
□一周三次　　□一周三次以上

2. 您家庭每次大概会购买多少数量的牛肉？
□半斤以下　　□半斤至一斤　　□一斤至两斤　　□两斤以上

3. 您根据什么辨别牛肉的质量安全？（可多选）
□色泽新鲜度等外观　　　　□安全认证
□商标或品牌　　　　　　　□商家信誉
□生产日期及质保期　　　　□是否有检验标志
□不清楚

4. 您更喜欢哪种包装方法？
□纸袋　　　　□纸盒　　　　□塑料袋　　　　□塑料硬盒

5. 您更倾向于哪种选购方式？
□现场切称　　　　　　　　　□固定包装

6. 您比较喜欢购买哪个部位的牛肉？
□肩颈肉　　　□牛腩　　　□牛脊肉
□牛腿肉　　　□臀腹肉　　□牛胸肉

7. 和普通牛肉的价格相比，您愿意为高品质的牛肉多支付价格比例是多少？
□5%以下　　　□6%～10%　　　□11%～15%
□16%～20%　　□21%以上

8. 您比较喜欢以下哪种牛制品？
□牛肉月饼　　□牛肉丸　　□牛肉干
□牛筋　　　　□其他

9. 您平常通过什么渠道购买鲜牛肉？（可多选）
□菜市场肉摊　　□超市　　　□牛肉专营店
□网络渠道　　　□其他

10. 您是否愿意尝试在网上购买本店鲜牛肉？
□是　　　　□否

11. 您是从什么渠道了解到牛肉品牌的？（可多选）
□店铺招牌　　□电视广告　　□网络　　　□报纸
□广播　　　　□传单　　　　□朋友介绍

12. 您比较喜欢哪种优惠方式？
□会员积分制　　□价格折扣　　□发放优惠券　　□赠品

13. 影响您家庭购买本店牛肉的因素有哪些？（请选3项）

☐服务　　　　☐价格　　　　　☐质量　　　　　☐品牌
☐包装　　　　☐产地　　　　　☐店铺位置

14. 您到本店购买牛肉的原因？（请选 3 项）
☐购买方便　　☐环境卫生　　　☐新鲜
☐质量保证　　☐不打水　　　　☐价格合理
☐服务好　　　☐品种多　　　　☐口碑好

15. 您觉得本店需要下列哪些方面的改进？（请选 3 项）
☐改善环境　　☐提升服务　　　☐增加品种
☐改善质量　　☐包装

16. 您的性别：
☐男　　　　　☐女

17. 您的年龄：
☐ 15～24 岁　☐ 25～34 岁　　☐ 35～44 岁
☐ 45～60 岁　☐ 60 岁以上

18. 您一个月的收入是多少？
☐ 3000 元以下　　　　　☐ 3000～5000 元
☐ 5000～8000 元　　　　☐ 8000 元以上

非常感谢您的参与，我们的进步都离不开您的支持！

附录2
调查问卷(二)

消费者购买鲜牛肉情况的调查

尊敬的先生/女士您好：

我们是横沥牛行的市场调查人员，横沥牛行为了拓展市场，更好满足消费者购买鲜牛肉需求，特此对客户进行需求调查。您的回答无所谓对错，把您真实的想法告诉我们，本调查所获取的信息，仅用于企业营销决策。非常感谢您在百忙之中配合我们的调查。

调查地点：　　　　　　　　调查时间：

（请直接在相应选项前打"√"）

1. 您家庭最近一个月购买了几次牛肉？
□一周不到一次　　　　　□一周一次
□一周两次　　　　　　　□一周三次
□一周三次以上

2. 您家庭每次大概会购买多少数量的牛肉？
□半斤以下　　　　　　　□半斤至一斤
□一斤至两斤　　　　　　□两斤以上

3. 您根据什么辨别牛肉的质量安全？（可多选）
□色泽新鲜度等外观　　　□安全认证
□商标或品牌　　　　　　□商家信誉
□生产日期及质保期　　　□是否有检验标志
□不清楚

4. 您更喜欢哪种包装方法？

☐ 纸袋 　　　　　　　　　　☐ 纸盒

☐ 塑料袋 　　　　　　　　　☐ 塑料硬盒

5. 您更倾向于哪种选购方式？

☐ 现场切称 　　　　　　　　☐ 固定包装

6. 横沥牛行的牛肉绝不打水，您相信吗？

☐ 相信 　　　　　　　　　　☐ 持怀疑态度

☐ 不相信

7. 和普通牛肉的价格相比，您愿意为高品质的牛肉多支付价格比例是多少？

☐ 5%以下 　　　　　　　　　☐ 6%～10%

☐ 11%～15% 　　　　　　　　☐ 16%～20%

☐ 21%以上

8. 您比较喜欢以下哪种牛制品？

☐ 牛肉月饼 　　　　　　　　☐ 牛肉丸

☐ 牛肉干 　　　　　　　　　☐ 牛筋

☐ 其他

9. 您平常通过什么渠道购买鲜牛肉？（可多选）

☐ 牛肉专营店 　　　　　　　☐ 超市

☐ 菜市场肉摊 　　　　　　　☐ 网络渠道

☐ 其他

10. 您是否愿意尝试在网上购买鲜牛肉？

☐ 是 　　　　　　　　　　　☐ 否

11. 您是从什么渠道了解到牛肉品牌的？（可多选）
□ 店铺招牌　　　　　　　　□ 电视广告
□ 网络　　　　　　　　　　□ 报纸
□ 广播　　　　　　　　　　□ 传单
□ 朋友介绍

12. 您比较喜欢哪种优惠方式？
□ 会员积分制　　　　　　　□ 价格折扣
□ 发放优惠券　　　　　　　□ 赠品

13. 影响您家庭购买牛肉的因素有哪些？（请选 3 项）
□ 服务　　　　　　　　　　□ 价格
□ 质量　　　　　　　　　　□ 品牌
□ 包装　　　　　　　　　　□ 产地
□ 店铺位置

14. 您是否听过横沥牛行？
□ 听说过，但不了解它的历史
□ 听说过，并且了解它的历史
□ 没有听过

15. 对您现在购买牛肉的店铺有什么不满意的地方？
□ 购买不方便　　　　　　　□ 环境不卫生
□ 不新鲜　　　　　　　　　□ 质量没有保证
□ 牛肉打水　　　　　　　　□ 服务不好
□ 品种少

16. 横沥牛行的牛肉绝不打水，您愿意购买么？

☐ 非常愿意　　　　　　　　☐ 比较愿意

☐ 愿意　　　　　　　　　　☐ 不愿意

☐ 非常不愿意

17. 横沥牛行的牛肉是鲜牛肉（当天宰杀，当天出售），您愿意购买么？

☐ 非常愿意　　　　　　　　☐ 比较愿意

☐ 愿意　　　　　　　　　　☐ 不愿意

☐ 非常不愿意

18. 您的性别：

☐ 男　　　　　　　　　　　☐ 女

19. 您的年龄：

☐ 15～24 岁　　　　　　　　☐ 25～34 岁

☐ 35～44 岁　　　　　　　　☐ 45～60 岁

☐ 60 岁以上

20. 您一个月的收入是多少？

☐ 3000 元以下　　　　　　　☐ 3000～5000 元

☐ 5000～8000 元　　　　　　☐ 8000 元以上

非常感谢您的参与，我们的进步都离不开您的支持！